理想の住まいを新築より安く手に入れた!!

家を買う前に考えたい!

リノベーション

THE RENOVATION

暮らしのジャーナリスト
ファイナンシャルプランナー
高橋洋子

Subarusya

Before&After ▶▶▶　白色の外壁が特徴的だった築40年の一戸建て。温かいオレンジ色の塗り壁にしたことで、真っ青な大空と陽射しが似合う南欧風の家に大変身。玄関の入り口をアーチ型に、敷地には石張りタイルを……開放感が一気にアップ！

Before&After ▶▶▶　耐震性に不安があった築60年の長屋タイプのアパート。赤茶色の玄関ドアと外壁のレンガ模様、敷地のタイル張り……外観の様変わりでモダンな雰囲気に。内装もフルチェンジ。耐震補強も実施して不安解消！

Before&After ▶▶▶　築40年の一戸建て。外観はブロック塀を取り払ったことで開放感アップ！　内装も使い勝手が悪かった5Kの間取りを3LDKへと変更したことで、ホームパーティも開けるほどの快適で広々とした空間へと様変わり！

After

Before

Before&After ▶▶▶　老朽化が進み、雨漏りが悩みの種だった築49年の日本家屋。和の風情を最大限活かしつつ、耐震補強と軽量屋根で悩みも見事に解消！　内装も既存の丸太梁や垂木などを残しながら、施主と家族の希望をすべて叶えることに成功！

Before&After ▶▶▶ 築28年の昭和のレトロな雰囲気が漂う室内が一変!! 和室とダイニングキッチンを1つにして3坪ほど増築したことで、部屋全体が隅々まで見渡せる空間を実現。家族がゆったりと寛げる、心地良い気分で家事ができると大好評！

Before&After ▶▶▶ 築41年で10年間空き家だった家が、誰もがうらやむ奇跡の一戸建てに。見通しが良く明るいダイニングキッチン、清潔感が漂うトイレ……広々とした快適空間を実現したことで、住む人に喜びと感動をもたらした！

はじめに

私が中古住宅に興味を持ったのは、アメリカやイギリスなどの各国を旅したり、実際にそれらの土地で築100～300年の年季が入った家を見たり、ホームステイをしたことが始まりでした。使いこまれた家には、たまらない魅力があります。

「この使いこまれた家の風合いは、なかなか出せるものではない」

などとあちらこちらの壁や柱をじろじろ見ては、中古ならではの魅力を、この目で、この肌で感じたものです。端から見れば、明らかに変な人ですよね（笑）。

……そして、2010年に念願のマイホームである中古一戸建てを購入。

我が家は夫婦ともにフリーランスで仕事をしていますが、当時はリーマンショック後もあって、じわりじわりと夫婦ともに仕事が減り、時間だけがある状態。

そんななかで思い切って、仕事に打ち込める住環境を整えようと決意したのです。私たち夫婦が出会ったのは、築37年の印刷会社兼住居でした。本が好きで「本にかかわる仕事がしたい」という想いから上京した私にとって、インクや紙の香りがところどころに染みついたその家は、どこか懐かしさや愛着がわくものでした。「運命的」とでも言うのでしょうか――ただ、現実を直視すると、お世辞にも人が住めるような状態ではありませんでした。

1年以上も空き家になっており、屋根が吹き飛んでいたせいで、雨漏りは当たり前。天井は抜け落ち、床は水浸し。トイレやお風呂場などの水回りにはカビが生えて何とも言い難いイヤ～な臭いがたちこめていました。

いろいろと調べていくうちに、じつはその印刷会社兼住居は、「競売物件」だったことが判明。前の住人の荷物が置きっぱなしで、デスクには書類が散乱。天井からポタポタと水がしたたり落ちる室内を見て、まるで家が泣いているようだと思いました。

マイホームは、住む人の〝夢の象徴〟です。

一方、住む人がいない家は、いわば〝夢の残骸〟――。

そんな夢の残骸を見て、頭のなかでイメージが次々と広がっていきました。

「何とかしたい。壁はあんなふうにして、キッチンをここに持ってきて、見違えるほど素敵にリノベーションをしてやろう」……と。

その後、3カ月の工事を経て、家は美しくよみがえりました。

私はその変わり様を見て、まるで家が笑って喜んでいるように思えたのを今でも覚えています。私自身も、感動と安堵のあまり、外壁に抱きついて涙したほどです。

ここまでは我が家の涙ナシでは語れない感動のストーリーですが、実際はエンディングにたどり着くまで、予期せぬ事態に何度も何度も遭遇しました。

「建ぺい率の問題から、銀行でローンがいっさい組めない」

「大工さんに工事を依頼しても、無下に断られてしまった」

「壊して初めて、予想以上に木の腐食が進んでいることが判明した」

「リノベーションでは、どうにもできない問題があった」

特に私たち夫婦を悩ませたのが、お金と法律にかかわる問題でした。書店で何冊も書籍を購入して一生懸命に勉強しても、自分たちでは解決策が見出せない難題にたびたび直面したのです。これでは、私がセミナーや講演で、

「中古住宅をリノベーションしよう！」

「本当に素晴らしいですから！」

などと声高に提唱しても、誰も「自分もやってみたい！」とは思いませんよね。

そこで、私は仕事のかたわら猛勉強を始め、お金や不動産・保険等に関して調べ直し、ファイナンシャルプランナーの資格を取得しました。

そのうえで、これからマイホーム購入を考えている方や、住み慣れた自宅を建て替えるべきか否かで迷っている方が、もっとスムーズに、もっと楽しく、リノベーションができるように、さらには必要なときに見返して役立つような参考書を提供したいと考えたのが、本書を執筆するきっかけでした。

本書では、主婦である私の実体験をもとに具体例を挙げながら、実践的、且つ実際の流れに沿ってわかりやすく解説するように努めました。

まず第1章では、「なぜ、今リノベーションが注目されているのか」「リフォームとリ

ノベーションでは何が違うのか」など、「そもそもリノベーションとは何か」に着眼点を置きました。第2章では、理想の住まいを手に入れるための〝要〟となる不動産会社、そしてリノベーション業者を選ぶうえで押さえておくポイントを紹介しています。

続く第3章では、目星をつけた中古住宅が「本当にリノベーションが可能か否か」を判断するうえでの注意点に焦点をあてました。このあたりは契約前にきちんと確認しておかないと後々トラブルのもとになりますので念入りに！

第4章では、皆さんがもっとも気になるであろう「お金の話」に触れています。リノベーションをする際にかかる「諸費用」、「住宅ローン」の種類やその組み方などは知っていて得することはあっても、損することはありません。

第5章では、消費税の増税に伴って大きく変わった『住宅ローン控除（減税）』やお得な助成金の制度、そのほかの税金に関して紙面を割きました。

最終章では、地震や火事といった災害に見舞われたとき、一家の大黒柱が大病した場合など、万が一に備えて入っておきたい住まいに関する保険に触れています。「中古住宅の場合は、リノベーションをしても火災保険や地震保険が不利なのでは？」「保険料が高いのでは？」と危惧している方も、この章を読めば誤解が解けることでしょう。

原稿執筆後、リノベーションの工事を幾度となく手掛けてこられた1級建築士の先生や中古住宅の売買に長年従事してきた不動産会社、リノベーション業者に、私の認識に相違がないかを細部にわたってチェックしていただきました。

そのうえでご理解いただきたいのは、マイホーム購入において、立地・家の構造・日当たりといった不動産の条件面や、費用・税金等の金銭面において、1つとして同じものがないことです。本書で述べている私たちのケースとは、まったく異なる場合もあるでしょう。そのため物件探しや実際の工事の行程等で不安や悩みを抱えたとき、予期せぬトラブルに巻き込まれたときは、必ず専門家にご相談ください。

本書があなたにとって、理想のマイホームを手に入れる一助になれば幸いです。

２０１４年6月吉日

高橋　洋子

▶▶▶ CONTENTS

第2章 理想の物件をリサーチ 業者選びと情報収集は慎重に！

CONTENTS

第3章 契約前に確認を怠らない！中古住宅特有の注意点とは？

第5章 中古住宅購入における税金の仕組みとお得な制度

▶▶▶ CONTENTS

第6章

万が一に備えて加入を！保険の種類と気になる補償内容

装丁／本文デザイン：福田和雄（FUKUDA DESIGN）
写真提供：新築そっくりさん（住友不動産株式会社）

※本書で取り上げている税率等の法律やその他の制度は
２０１４年６月時点のものに基づいております

第1章

中古住宅をリノベーション！
理想のマイホームを手に入れる

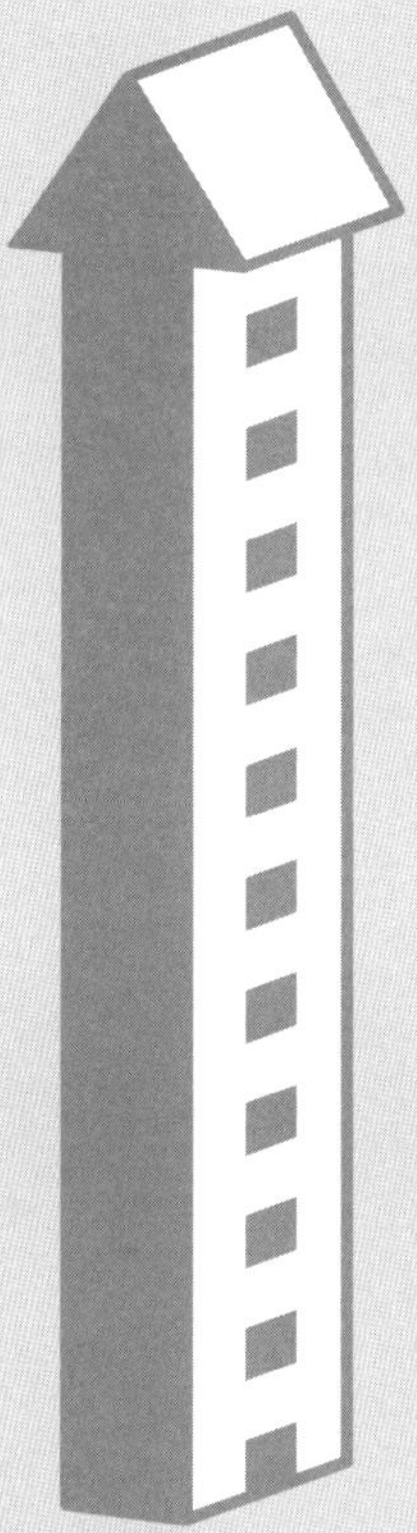

01 狙うは中古住宅です！新たな選択肢に注目してください

難解度

時代とともに住まい購入の方法にも大きな変化が……

20代後半～30代になる過程で、「そろそろマイホームを購入しようか」と考える方が多いのではないでしょうか。インターネットが普及した今の時代、パソコンでちょっと検索をすれば、さまざまな物件情報を収集することは可能です。新築から中古まで、あるいは賃貸物件を含めて星の数ほどの情報を目のあたりにすることでしょう。

それだけではなく、街を歩いていても、駅前の不動産会社や電車の広告、さらには新聞の折り込みチラシなどでもそうした情報があふれています。

ところが、あまりにも情報が多いために、住まい探しをしている方は、「何を基準に」「どのように選んだら良いのか」がわからずに頭を悩ませていることでしょう。

人生のなかでもっとも高い買い物だけに……。

やはり皆さんの理想は〝新築〟でしょうか。

庭付き一戸建て、オーシャンビューのタワーマンション……たしかに憧れますよね。

でも、「新築一戸建てや新築マンションは、あまりにも高すぎて、なかなか手が届かない。所詮は夢物語」と諦めている方も多いのでは？

そんな方たちに、住まい購入の選択肢の1つとして考えて欲しいのが、日本中に有り余っている中古住宅のなかから、自分たちに合った物件を選んで「リノベーション」をする方法です。いかなる方法なのか、ちょっと触れておきますね。

たとえば、中古の一戸建てを購入し、建物の骨組みは残したままで、まったく新しい家に改築してしまうのです。

中古マンションも同様です。皆さんが持っている「リフォーム」のイメージからさらに進んで、マンションの間取りなども含めてすべてを刷新すれば、自分たちが理想とするマイホームを手に入れられます。また新築ではなく、敢えて中古住宅を選んでリノベーションをすれば、新たな付加価値を生み出すことも可能でしょう。

長引く不況の影響で、日本の経済は先行き不透明な状態が続いています。政権が代わりアベノミクスの恩恵を受けて、景気の良い話も聞こえてくるようになりましたが、ほとんどの方は未だ実感できていない。これが実情でしょう。むしろ、給料はさほど上がらないなかでの消費税の増税——ますます家計を圧迫している。このままではマイホーム購入は夢でしかなく、諦めざるを得ないと考えてしまうのも当然かもしれません。

そうしたなか、「中古住宅をリフォームする」という住まい購入の選択肢が注目を浴びています。

昨今、日本の住宅事情は、従来と比べて大きく様変わりしました。「マンションブームが始まった」とされる１９６３年以降、２００９年になって初めて、「新設住宅数が１００万戸を切る」といった異例の事態が発生しました。じつに45年ぶりの出来事で、雇用不安や所得減少・世帯数を大幅に上回る住宅ストックの実情から考察すると、これが再び１００万戸を超えることは「まずない」と言われています。

こうした時代が求めた新しい住まいづくり（住まい購入）の方法が、リフォームだったのです。日本では、内装を部分的に修理・修繕したり、壊れた部分の補修をしたりすることを「住宅リフォーム」と呼ぶ傾向にあります。

ところが、２０００年頃からリフォームとは別に、「リノベーション」という言葉が頻繁に住宅市場でＰＲされるようになりました。

　リフォームとリノベーションの違いについては後述しますが、ここでは「家の部分的な修理・修繕・補修をするのがリフォーム。家の構造自体はそのままに大規模な改修をすることがリノベーション」と覚えておいてください。

欧米では当たり前？　日本に浸透し始めたのはごく最近

　皆さんは、住まいに対する考え方や価値観が、欧米諸国と日本では大きく異なることをご存じでしょうか。海外では住まいを『スケルトン』と呼ぶ躯体部分と、間仕切りや内装にあたる『インフィル』に分けて考えています。

　今でこそ「１００年住める家」というコンセプトが日本にも浸透していますが、欧米諸国では、特にスケルトン部分は２００～３００年の耐久年数があるものといった考え方に基づいて住まいづくりが成されています。つまり、建物の構造体であるスケルトン部分に耐久性さえ備わっていれば、インフィル部分である内装を新しくすることで、そこに住み続けられるという考え方が浸透しているのです。

こうした欧米諸国の考え方が、ようやく日本にも浸透し始めたのが、リノベーションであり、この選択肢は「これからの日本人のライフスタイルに取り入れていくべきだ」と言っても過言ではありません。

さらに、この新たな方法は、新築購入という高い〝ハードル〟を少し下げた予算で、しかもその場所に、その後もずっと住み続けられることを可能にしました。

これだけ素晴らしい方法にもかかわらず、つい最近まで日本では見向きもされなかった事実に、私は「なぜ?」と不思議に思えてなりません。

家族というものは、年数を経ると構成やライフスタイルに変化が生じます。

たとえば、子どもの結婚で孫が産まれて家族が増えることで、今の住まいが手狭になったり、逆に子どもが独立したために家族が減って、部屋数が多すぎるといった悩みを抱えることも、きっとあるでしょう。また熟年夫婦が老後の生活を過ごしていくなかで、「趣味のためだけの部屋が欲しい」と考えることだってあり得ます。

そのときに、リノベーションという方法を知識として押さえておけば、数ある選択肢であれこれと迷う前に、まず自分たちの生活をきちんと見つめ直すことができ、且つ最適な購入方法へと導いてくれるはずです。

リフォームとリノベーションの違い

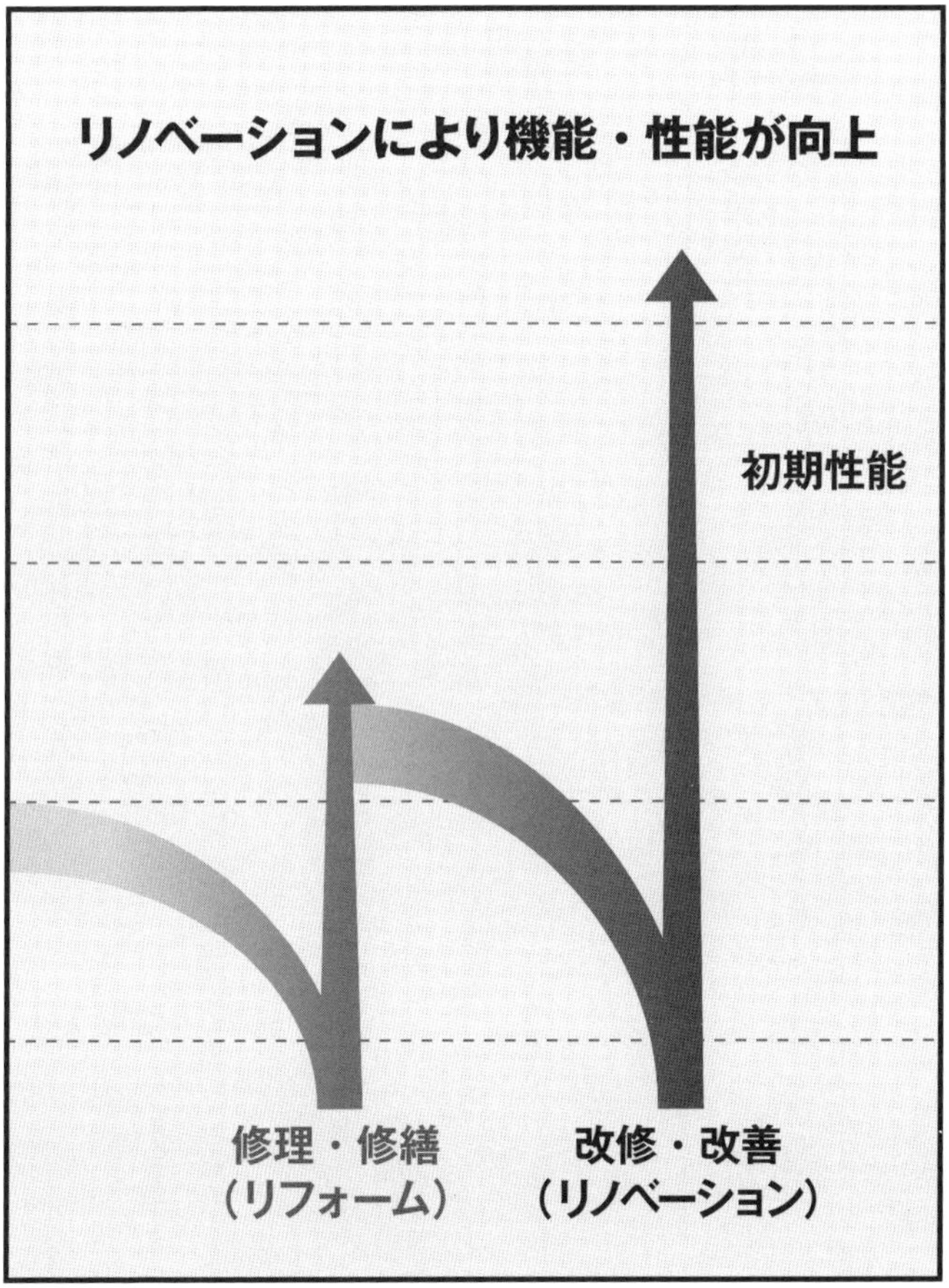

定義の仕方は、人によって多少の違いはあるかもしれないが、明らかなことは既存住宅の持つ初期性能を大きく上回ることができるのが「リノベーション」という点

新築以下の費用で理想のマイホームが手に入る!?

これからマイホームを持とうと考えている方のなかには、「貯金を極力切り崩さないで手に入れたい」「多額のローンを組みたくない」「予算内で理想の物件がなかなか見つからない」……と、最後のあと1歩を踏み出せない方も多いようです。

新築でも〝夢の城〟を手に入れることはできますが、やはり資金面で苦心することは否めません。昨今、中古住宅を自分好みにリノベーションをする方が増加の一途をたどっている背景には、新築よりも安く、理想のマイホームを購入できるからです。

国土交通省の『平成24年度 住宅市場動向調査』によると、住宅購入の資金総額の全国平均は、土地代と建築費を合わせてそれぞれ以下のようになっています。

◎新築住宅→3597万円
◎中古住宅→2192万円（※リノベーション等の費用が含まれているケースも）

中古は、新築の約6割で収まっていますね。工事費を加算しても、新築以下の金額で満足できるマイホームを手に入れることが可能です。前出の金額は、購入する家や地域によって異なりますので、あくまでも目安として捉えてください。

すでに持ち家がある方にも朗報です。建て替えと比べた場合（※30坪一戸建て）でも、650万円以上も安くなり、ケースによっては半額で済む場合もあるようです。

◎建て替えの平均費用→約2250万円
（※国土交通省建築着工統計調査 平成23年度に基づき算出）
◎リノベーション　→約1100〜1600万円（※某リノベーション業者）

マイホームが欲しい方は安い中古住宅を買って、持ち家がある方は持ち家を大改造することで、「お金の不安や家の問題を軽減できる」と言えそうですね。

新築はすべてが新しく変わるので魅力的なのは事実。ですが、今住んでいる家や購入した中古住宅が素敵によみがえるのであれば、リノベーションという方法も、これからの住宅購入における選択肢に含めて考えることをオススメします。

02 大切な思い出も残り、家族も納得！リノベーションの真髄とは？

難解度

今住んでいる家の不満を取り除いて新たに再生可能

本書を手に取ってくださった方のなかには、今住んでいる家を売り、買い替えを検討されている方もいるでしょう。

もしかしたら、今の家を建て替えることを視野に入れている方もいるかもしれません。

じつはリノベーションは、そういう方々にもオススメしたい方法なのです。

今の住まいに不満を感じて、買い替えや建て替えを考えるのは、「家のあちらこちらに〝傷み〟が生じたとき」「家族構成が変わって住まいに求める機能が変化したとき」「今まで以上の住環境を望んだとき」……こういった場合ではないでしょうか。

たとえば、あるご家庭では子どもが産まれたことで部屋数が足りなくなってしまったため、「思い切って間取りごと変えてみたい」と考えるかもしれません。また子どもが成人して独立したので、「部屋数を減らして居間のスペースを広げたい」と思うこともあるでしょう。あるいは高齢になったことを見越して、「今の住まいをバリアフリー化したい」というビジョンをお持ちになるかもしれません。

キッチンやお風呂場・トイレなどの水回りの老朽化が激しく、すべてきれいに刷新したい……このように、現状の住まいに新たな要求が増えることは仕方がないですよね。

しかし、現実問題として、なかなか思うように今の住まいを刷新することなどできるわけもなく、多くの方が不満を抱えながらも、現状に我慢し続けているのでは？

仮に建て替えを決意したとしても、現在の建物をすべて取り壊して新たに住まいを建てるためにはそれなりの資金が必要です。

「マイホームを買い替える」という選択もありますが、日本では土地にこそ価値があるため、建物の価値は経過年数を経れば下がってしまいます。ゆえにたとえ売ったとしても買い替えるための資金までには達しないのが実情でしょう。

先にも触れましたが、そういうときこそリノベーションという方法を考えてみて欲しいのです。もしかしたら、現状の住まいの問題が解決できるかもしれません。

家族の想いをきちんと反映できるのも〝魅力〟の1つ

我が家の見学会にいらっしゃった斉藤有紀子さん（仮名：43歳）も、その1人でした。

「高橋さん！　こっ、こっ、こんなに本当に変わるんですか？」

斉藤さんが、我が家の変貌具合に驚嘆し、思わず発したひと言です。


彼女は、亡き父が建てた一戸建てに年老いた母親と2人きりで住んでいたのですが、家のあちらこちらが老朽化していることに頭を抱えていました。

そのうえ、地震のたびによく揺れるので、高齢の母親のことや今後の安全面も考えたら「もう建て替えるしかないだろう」と思っていたそうです。

ところが……母親がまさかの大反対！

よくよく話を聞いてみると、「家族みんなで暮らした思い出が詰まった家を壊して、新たに建て替えるなど考えられない」とのこと。

母親の切なる想いを無下にすることもできず、ほとほと困り果てた斉藤さんが行き着いたのが、リノベーションをした私たちの家だったのです。

「建て替えをしなくとも、家は生まれ変わるんだ！」

家族の思い出が詰まった家、そして高齢の母親も快適に住めるような新しいプラン。それが実現できるかもしれないことを知った斉藤さんの目にはうっすらと涙が浮かんでいました。そして実現に向けた具体的な行動を始めたのです。母親が大好きなこの家を生き返らせることで、この先も長く、快適に、暮らせるように――。

斉藤さんのケースは、当初は建て替えを検討していましたが、家族の思い出が詰まった今の住まいを解体することになるため、古き良きところさえも取り壊してしまうといったデメリットがありました。つまり、解体と同時に家族の思い出もこの世から消え去ってしまうのです。その事実に気づいた母親は頑なに反対したわけですね。

ところが、リノベーションならば、随所に家族の思い出やこれまでの歴史が染みついた愛おしい家が、この先もずっとずっと生き続けることができます。

住まい購入を考えている方は、それぞれが違った悩みや問題を抱えているもの。

リノベーションには、そうした難題を解決してしまう「不思議な〝魅力〟がある」と言えるかもしれませんね。

03 何がどう違うの？ リフォームとリノベーション

難解度

住宅を〝延命〟させることを目的とした改修工事

ふとある疑問を持たれた方も多いのでは？

「リフォームとリノベーションは、いったい何が違うのか」――と。そこで、この疑問に答えるべく、リフォームとリノベーションの定義に触れておきましょう。

◎リフォーム……古い家（今住んでいる家）を部分的に修理・修繕すること。あるいはその家の壊れた部分のみを補修すること

◎リノベーション…もとの家の構造はそのままに、必要なところと不要なところを区分して大規模な改修を行うこと

この定義からもおわかりだと思いますが、リフォームは、目に見える破損部分の修繕的な意味合いが強いのです。リノベーションは、家の構造自体を見直して、必要なところはそのまま残したうえで新しい〝命〟を吹き込むため、「より自分が理想とする住まいへと近づけることが可能だ」と言えます。

「自分にとって愛着のある部屋や家族の思い出が詰まった場所を現状のまま残すことができ、且つ傷んだ部分を改修して新築同様によみがえらせる」――。

こうした住宅の持つ命をより長らえるために行う画期的な改修工事こそ、リノベーションの真髄なのです。

ところで、「以前はリノベーションが行われていなかったのか」と言うと、そうではありません。言葉が日本では浸透しておらず、すべてリフォームの括りに含まれてしまっていたのです。そのため、リフォーム自体の幅が広く、住宅購入者が中古住宅を選択した場合、「今のリノベーションにたどり着けなかった」のが本当のところでしょう。

なお、本書で唱えるリノベーションとは、「間取りなどをライフスタイルに応じて、まったく新しい姿にするために行う家全体の大改造」と捉えてください。

私のもとに「リノベーションで家族関係まで変わった」という話が届きました。

花田香織さん（仮名：45歳）の家は、狭小地のためか間取りの計画で苦心されたあとが浮き彫りになっていました。事実、玄関を開けるとすぐにキッチンが現れるという一風変わったプラン。あるとき、中学生の娘さんが友だちを自宅に連れてきたそうです。ところが玄関を開けると、目の前には食器や買い物した食料品が散らかったキッチンや洗濯物が山積みの洗濯機が置かれた洗面所……。友だちに隠しようもなく、その様子を笑われてしまったとのこと。思春期の娘さんは大変傷つき、それを境にだんだんと自室へとこもるようになったそうです。

それまで使い勝手の悪さを感じていた香織さんでしたが、娘さんの〝心の痛み〟を汲み取り、自宅の間取りを大胆に変更することを決意！

さらには、好きな紅茶を飾っておけるキッチンカウンターを新たに設置したことで、隠しておきたいモノがお客さんから丸見えにならないようにもなりました。

その後は、娘さんも安心して友だちを連れてくるようになり、「ママの紅茶はおいしいって評判だよ！」と笑顔が戻り、親子の関係も改善したそうです。

まさに「リノベーションの魅力を象徴する出来事だ」と言えますね。

リノベーションの施工前と施工後の一例

1F ●施工前

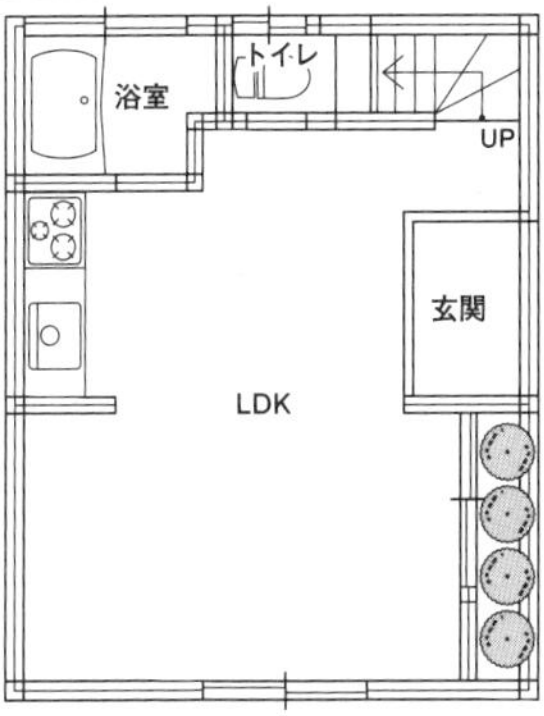

1F ●施工後

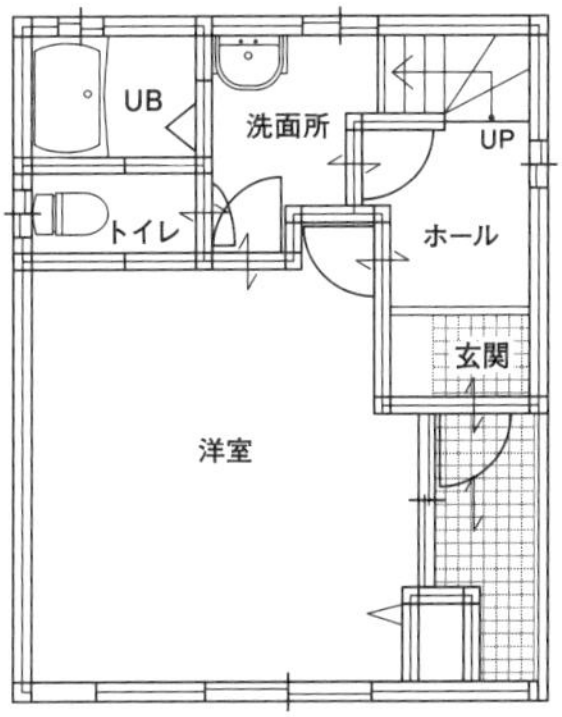

2F ●施工前

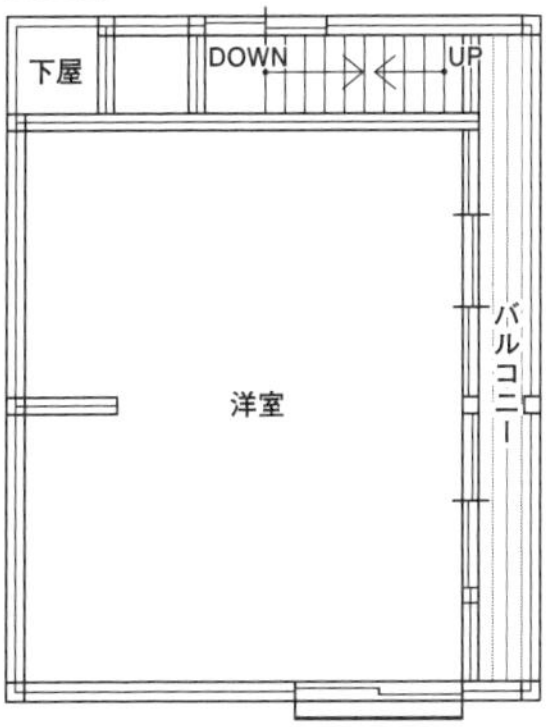

2F ●施工後

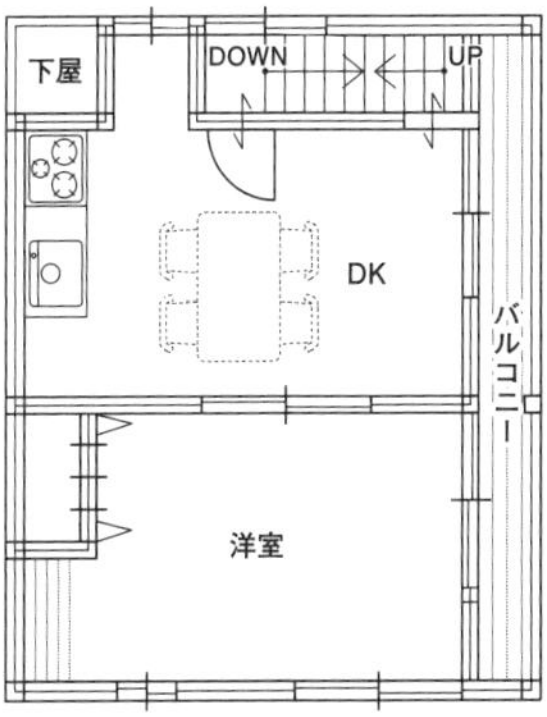

玄関を開けたら、キッチンが丸見えだった施工前。玄関にホールを設け、キッチンを2階へ。2階は2部屋に区切り、来客はDKスペースでもてなす。
このように構造はそのままに、間取りなどを大規模に改修するのが「リノベーション」——。

家にも自分たちの価値観や個性が求められる時代

以前は注目されていなかったリノベーション。それが最近になって注目されるようになったのはなぜか。この謎は、日本の住宅事情の歴史を紐解くと明らかになります。

日本の住宅事情を振り返ってみると、同じような間取りや広さの団地・マンションが大量につくられてきました。人口増加に対応するためでしたが、これまでの家族構成は、夫婦2人に子ども2人の4人家族が大多数でしたから、「みんなと同じ平均的な家」でも帳尻が合ったのです。

さらに、「マイホームを手に入れたい」というのが〝目的〟であって、個性やオリジナリティにまでこだわる余裕はありませんでした。

今は、そうではありません！　独身を貫く方や子どもが独立して夫婦だけで住む方も増えるなど、ライフスタイルが多様化しています。家族構成や働き方が異なるのはもちろん、自分たちの価値観や個性を大事にする時代。「誰かと同じ家」では納得しないわけです。にもかかわらず、建築コスト削減のために同じ図面を使った住宅が、当たり前のように大量生産されていることに、私は常々疑問を感じています。典型的なのがマンションの場合でしょう。

子どもがたくさんいる家庭と、ディンクス（※共働きで子どもを持たない夫婦）では、明らかにライフスタイルが異なります。家族構成に合わせて間取りなど、各戸で異なるタイプのマンションを選んだ方たちは、それなりに自分たちでライフスタイルを研究されたのでしょう。しかし、さまざまな事情でこの2つのタイプのご家族が、隣り同士に住まわれているのを見掛けたことがあります。

子どもの多いご家庭では、部屋数が足りずに倉庫を借りていました。

一方、ディンクスのご家庭では、趣味に応じた部屋づくり。

一概には言えませんが、この2つのご家庭では、同じ間取りに住んでいるにもかかわらず、不満と満足が隣り合わせになっているようです。

こうした事態を回避するうえでも、自分たちの価値観や個性・ライフスタイルに合った家を手に入れることが大切なのです。「リノベーションは、それを叶える最適な方法だ」と言っても過言ではありません。

04 中古住宅市場に〝追い風〟――。国を挙げての施策が進行中です

難解度

古きモノに魅力を感じている方が増えています

未だ日本で「中古＝見劣りするモノ」という考えが根強いのは、新築ならではの「手垢が付いていない感じ」「信頼性」に魅力を持たれている方が多いからでしょう。

長引く不況のあおりを受け、徐々に〝新築離れ〟が増えているのも事実ですが、やはり「中古住宅で満足しているのか」と言えば、そうでもないようなのです。ボーナスカットや給与面での不安から、「中古住宅で我慢するしかない……」という結論に至っているのが実情かもしれません。

でも、なぜ我慢なのか。正直、私にはしっくりきません。

前述しましたが、そもそも住まいに対する考え方は、日本と欧米諸国では大きく異なります。日本では「20〜30年したら建て直す」、あるいは「買い替える」という感覚が

主流でした。欧米諸国は「家という〝箱〟は100年をも上回る耐久性があるのだから、空間を自分らしくアレンジして住めば良い」という考え方です。

私の好きな映画に『ゴースト／ニューヨークの幻』がありますが、その冒頭で、あるアパートにカップルが引っ越すことになります。そのアパートは蜘蛛の巣がかかったような、日本でしたら誰も見向きもしないほこりまみれの部屋だったのです。ところが、このカップルは友人の力を借りて、まずは間仕切を解体し、色も仕上げも新しくしてしまいます。建物の味わいはそのままに新しい空間をつくり上げたのです。

これは、まさにリノベーション！

今の日本に求められているのは、こうした創意工夫ではないでしょうか。

古きモノには、歴史や味わい・趣があります。そこに魅力を感じる方が増えているのも事実です。私自身、日本の古い仏閣や寺院はもとより、欧州の歴史ある建築物や建造物が大好きです。新築住宅をいくら見てもピンとこなかったのが、アンティーク家具のような使いこまれた中古住宅を見て、ひと目ぼれ！　敢えて中古を選びました。

話を戻しましょう。中古に対する感覚は人それぞれですが、こと、住宅に関しては、国を挙げての施策が進められています。

2010年に発表された『中古住宅・リフォームトータルプラン』※（国土交通省）もその1つ。2020年までに中古住宅流通・リフォーム市場の規模を20兆円まで倍増させようという動きがあり、その構想が約100ページにわたり明記されています。

こうした動きからもわかるように、近年、中古住宅市場には〝追い風〟が吹いており、ゆえにリノベーションという方法を活かさない手はないのです。

※消費者や生活者視点に立って、安心して中古住宅を取得でき、リフォームを行うことができる市場の環境整備を早急に進めるとともに、既存住宅ストックの質の向上や流通の促進、多様なニーズに対応した魅力ある中古住宅・リフォームを提供可能な担い手の育成・強化等の取り組みを総合的に推進する計画のこと

なぜ、日本では欧米的思想が根づかないのか？

ここで少し意外な事実に触れておきましょう。

じつは日本には、空き家が約756万戸近くも顕在し、そのなかには、資産価値0円同然の一戸建てもたくさん含まれています。にもかかわらず、日本の中古住宅の流通量は、約13・5％（国土交通省）と低く、これは10人のうち6〜8人は中古住宅を購入し

ている欧米諸国とは大違いです。欧米諸国では、中古住宅をリノベーションをして使い続ける文化が定着しています。日本でそうした文化が定着しなかったのは、なぜか。

国内外で取材を続けるなかで、以下に挙げる3つの理由が明らかになってきました。

【理由①：耐用年数の違い】

これは、家がどれくらい長持ちするかを測るモノサシ。日本は戦後より木造住宅を基準とする「法定耐用年数」が20年の制度が続いています。

結果、「木造の家は20年持てば良い。20年経てば資産価値0円同然」という考えが主流となり、安易な家づくりをするようになったのです。欧米では、レンガやコンクリートづくりの住宅が主流で、「建物を末永く大切に使う」という思想が根幹にあります。

【理由②：土地と建物に対する価値観の違い】

日本は狭い島国で、欧米のように広い土地がありません。ゆえに建物よりも土地そのものを重んじるため、土地の価格（特に都市部）が吊り上がる傾向が見受けられます。

【理由③：リノベーションで家の価値が上がるかどうか】

アメリカでは、模様替えや日曜大工のような感覚で、壁を塗り直すなどのリノベーションを日常的に行っています。場合によっては購入時よりも高く売れることも！

そもそも日本には、築200〜300年も続くような古民家などが残り、世界に誇る〝家を大事にする文化〟があるはずです。「もったいない」という言葉もあるくらいで、モノを最後の最後まで大事に使う文化が浸透しています。

まだ使える家を壊してしまうのは、じつにもったいないとは感じませんか？

大改造して、自分らしい空間をつくりたいとは思いませんか？

さらには、それが高く売れるようにいろいろと細部にまでこだわってみませんか？

そんな新しいリノベーション文化をどんどん広げていこうではありませんか。

第2章

理想の物件をリサーチ
業者選びと情報収集は慎重に！

01 探し方を変えるだけで理想の物件に出会う確率アップ

難解度

あなたも〝家探し難民〟になっていませんか?

新しい住まいを手に入れるうえで、「リノベーションも選択肢に入れるべきだ」と力説してきましたが、その前にしなければいけないことがあります。

リノベーションをするだけの価値のある中古住宅を探すことです。

ちょっとインターネットで不動産情報を調べただけでも、魅力的な一戸建てやマンションがずらりと出てきます。「いったいどこから見つければ良いのか」……悩んでしまいますよね。自分に合った物件探しは、想像以上に容易ではありません。

以前ご相談を受けた前田優子さん(仮名:38歳)も、その1人でした。

最初にお会いしたとき、子どものいる優子さんは「家族4人で50軒近くの物件を見ましたが、その家の欠点ばかりが目に付いてしまう」とすでに諦めモード。詳しくお話を聞いたところ、彼女の失敗は中古住宅を「減点方式で探していた」という点でした。

こうした失敗は何も彼女だけの話とは限りません。多くの方が減点方式で探し始めるために、その家が本来持ち得ている良さや魅力を見逃しています。

たとえば、「A物件は収納が足りない」「B物件の間取りがちょっと」「C物件はキッチンの動線が悪い」「D物件は玄関のスペースが狭すぎる」という具合に、欠点ばかりを注視した減点方式で探しているため、いつまで経っても「これだ!」と思える物件に出会えずにいるのです。リノベーションをすることで、もしかしたら何とかなる可能性を秘めた中古住宅があったかもしれないのに……。

このような〝家探し難民〟にならないためにも、不動産会社をあたる前に、住みたい家の具体的なイメージをきちんと固めることが肝要です。

まず、新築の一戸建てや中古の一戸建て、中古のマンションなど、異なるパターンで最低でも5カ所以上は見て回りましょう。

「当初は一戸建ての予定だったけど、マンションからの景色は捨てがたい」

「新築を探していたけど、広くて使い勝手の良さそうな中古に興味が出てきた」などといった思い掛けない発見に出会えるはずです。

そもそもリノベーションをした家は、まだそこには存在していません。自分がその家をどうしたいかという意思があって、それを反映した工事のあとに実現されるのです。具体的なイメージを持たずに〝見えないモノを買う〟リノベーションに立ち向かうのは「無謀だ」と言わざるを得ないでしょう。

築年数が経っている物件を見るわけですから、100点満点はあり得ない。「壁の色はどう変えようか」など、室内のデザインやインテリアまでのアフター（完成後）をありありとイメージしながら探さなければダメなのです。

具体的なイメージ構築に欠かせない3つのポイント

ここで具体的なイメージを固めるうえで欠かせないポイントを、私自身の実体験をもとに紹介します。

結論から述べると、「住宅展示場に足を運ぶ」「営業マンを味方にする」「営業マンの会話から情報を得る」といった3つです。

【ポイント①：住宅展示場にはリノベーションのネタが豊富にある】

住宅展示場は、「注文住宅を建てる方が行く場所」と思いがちですが、リノベーションでも大いに役立ちます。そこには住む人の心をくすぐる、まさに理想的な間取りや設備・インテリアが数多く飾られているからです。

最新の設備や工夫がふんだんに盛り込まれ、省エネ設計やバリアフリーのアイデアも豊富……そんな各社の力作ぞろいのモデルハウスの建築費は、「平均して約1億円だ」と聞きました（もちろん、もっと安い家もあるでしょうが）。

そのほかにも、家具やカーテン・食器などで気に入ったデザインがあれば、メーカー名や品番を聞いてメモをしたり、写真を撮ったりしておけば、「自分たちの住む家はこんなふうにしたい」といった具体的なイメージを構築する際に役立つでしょう。

ちなみに私は、ある住宅展示場で見た〝丸いリビング〟が印象的でした。どこに座っても家族が中心を向くので、自然と家族が顔を合わせるのです。今の自宅のリビングの参考にさせてもらいました。

【ポイント②：営業マンに積極的に話し掛けて味方にする】

住宅展示場や販売中のマンションなどへ見学に行くと、

「これでもかと、しつこく営業される」

「頼んでもいないのに、DMが頻繁に届く」

などといった理由から、営業マンに対してあまり良い印象を持たれない方がいます。

ですが、モノは考えよう。最新の住宅の魅力や性能を熟知している営業マンは、敬遠するよりも頼りにしたほうが得というもの。カタログやホームページではわからない現場の〝生の声〟を得ることができるからです。

ただし、相手も仕事をしているわけですがら、こちらも行く際には新築購入も念頭に入れておくのが礼儀だと思います。あらゆる可能性から住まいを考えることは、とても大切なことです。間違っても「見るだけです」とは言わないように！

「見込み客でない」と判断されると、営業マンの口も堅くなりますのでご用心（笑）。

不動産コンサルタントに相談するとお金がかかりますが、営業マンは無料です。

「あなたの会社の耐震システムは、A社やB社とどこが違うの？」

など、思いつく限りの疑問をぶつけましょう。

なお、平日の空いているときに行くと営業マンを独占できることもあるので、混んでいる休日よりオススメかもしれません。

【ポイント③：営業マンの会話から候補物件の情報収集】

営業マンであれば、自社の物件を良くアピールするのは当たり前。

ですが、それを全面に出すような担当者とは慎重に話をしましょう。

自社の物件のメリットとデメリット、そして他社の物件のメリットとデメリットを比べながら丁寧に話してくれる営業マンならば、信頼できます。

展示場に出向いた際には、これを念頭に情報収集することに努めてください。たとえその物件を購入しないにしても、「立地がどうだ」とか、「用途地域の関係で今後は周辺環境に変化が出る可能性がある」など、思わぬ情報が得られることも……。

営業マンが話す内容から情報収集することは、ウラを返せば、営業マンにその地域を調査してもらっていることと同じなのです。彼らは徹底的に地域の調査をしています。一般的に知り得ない情報を握っていることも多々あります。そうした情報を、営業マンから得られれば、理想のイメージに近づける〝良い材料〟となるでしょう。

02 快適な生活を送るためにも住む街のリサーチは絶対！

難解度

「住めば都」とは言うけれど……不安はあります

いろいろな物件を見ながら、住みたい家のイメージを固めると同時に、自分が住みたい街や周囲の住環境に関しても検討していきましょう。物件自体には満足したとしても治安や交通の便、さらには近隣住民との関係で頭を悩まし、日常生活に支障を来してしまっては悲しいですからね。

こうしたミスマッチを事前に回避する最善策は、やはり現場に足を運ぶこと。できれば、すでにその街に住んでいる方たちの話を聞いて、住環境をリサーチしましょう。

海の近くに住んでいる小林房代さん（仮名：45歳）は、「布団を干すと、海風があたり、べったりして干せない。住んでみて初めて知った」と言っていました。

お金持ちのセカンドハウスが多い別荘地に住んでいる中沢英明さん（仮名：57歳）は、2回も空き巣被害に遭って周辺に泥棒が多いことを知りました。訪問販売を装い、留守だとわかると家に入り、金目のモノを奪っていく事件が多発していたそうです。急いでホームセキュリティに入ったのは言うまでもありません。

田舎暮らしに憧れ、山あいに住む吉田純子さん（仮名：39歳）は、車を運転中に突然横切ってきた〝あるモノ〟に衝突！「人をひいてしまったのではないか」とひどく動揺しながら車から降りるとイノシシが横たわっていたそうです。

このように、その街ならではの特性があります。五感をフル稼働させ、どこからともなく醸し出される臭いや雰囲気・音などを察知しましょう。第六感も使えば（笑）、長く心地良く住めるか否かの見極めもつくかもしれません。

なかには、「試しに住んでみる」という方法を選ぶ方もいるでしょう。ですが、時間もお金もかかります。

私個人の意見とすれば、住んでみて初めてわかることもあるので実践してもらいたいのですが……現実的には難しいかもしれませんね。

半径1・6キロメートル圏内は歩いて実地調査を

さて、物件がどういった場所にあるのかを判断するうえで有効な情報の1つとして、チラシや広告などに記載されている「徒歩○○分」というものが挙げられます。

「これは何を基準に算出しているのか」――ご存じですか？

不動産広告では、【徒歩1分＝80メートル】と決められています。マンションの場合は、その敷地の一番起点側の入り口までが距離になります。

だいたい徒歩20分圏内の半径1・6キロメートルは、探偵や調査員になったつもりで調べておきましょう。よく観察しながら歩くと、意外な事実に気づくはずです。

たとえば、家の前の電信柱に「事故多発注意‼　×月△日死亡事故発生。目撃者、情報求む」という看板や花が添えられていることが……。

これだけで事故が多発している場所であることがわかりますよね。

実際に歩いて調べる以外にも、インターネットを駆使して『グーグル ストリートビュー』で住所の検索をすると、指定した地域の様子を写真で確認できます。ぜひ活用してみてください。

物件までの時間と距離の関係

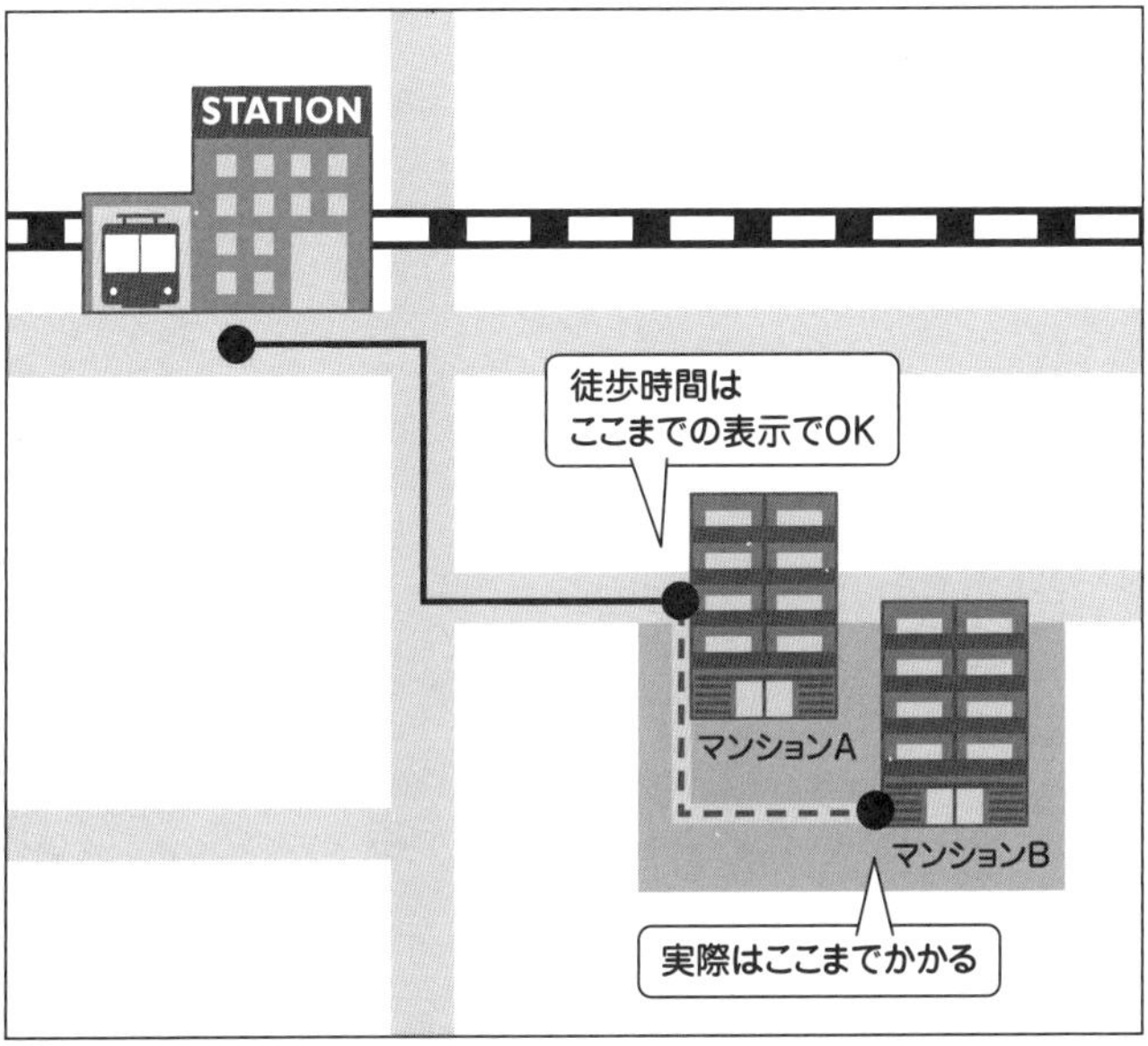

距　離	時　間
0～　80m	1分
81～160m	2分
161～240m	3分
241～320m	4分
321～400m	5分

03 頭のなかのイメージをアウトプット 中古住宅探しの第1歩です

難解度

「1枚の紙」に自分たちの希望条件を書き出そう

そろそろ住みたい家の具体的なイメージができあがってきたでしょうか。

この段階になったら、頭のなかにあるイメージを洗いざらいに1枚の紙にまとめてみてください。次ページのように、メモには、希望エリア・家の外観・間取り・広さ・購入希望額・頭金やローンの目安……など、希望条件を書いておきます。

なお、メモ書きは文字だけでも構いませんが、イラストや写真を加えておけば、不動産会社に伝える際に有効です。業者との打ち合わせなどで担当者にメモを見せれば、相手も具体的なイメージがしやすくなり、その後の話もスムーズに進みます。

私自身、手帳の1ページに住みたい家の条件を書き込み、それをもとに不動産会社に依頼。メモを見せたわずか18日後には、今の家を内覧していました。

希望条件をメモに記した一例

〈希望条件〉
エリア
田園都市線沿線、横浜市内
住宅街／角地
間取り
中古一戸建て 3LDK
駐車場付
仕事部屋欲しい！
築年数問わず、リノベーション可
希望
間取り図
など
LDK
寝室
客間
価格帯
3000万円代
MAX 3500万円
頭金500万円
借入
3000万円
1年→約100万
10年→約1000万
30年→月に約8.5万円の返済
……無理かな

最初は王道の不動産情報サイトを有効活用

さぁ、いよいよ物件探しのスタートです！

まずは、一般的な不動産情報サイトを活用してみてください。希望条件等を入力してある程度の件数に絞り込みます。会員登録すると、新着物件を優先的にメールで教えてくれるところもあるようです。

内覧したい物件が見つかったら、問い合わせ先の不動産会社に連絡を取ります。回数を重ねるにつれ「この広さと立地なら、これくらいの金額」と相場がつかめてくるはず。なお、内覧する際には、メジャーや筆記用具・カメラ（携帯電話のカメラでも可）を持参するのは鉄則です。

同時進行で〝頼れる不動産会社〟も探していきましょう。

私たちは、友人の不動産会社に依頼しました。友人ですから、難アリの物件を売りつけたりはしません。実際に家を買って満足している方に不動産会社を紹介してもらうのも良いでしょう。また希望エリアが具体的に決まっている方は、その地域の老舗の不動産会社もオススメです。地元の人と長年の付き合いがあるため、まさかの掘り出しモノを任されているなど、周辺の詳しい実情を教えてくれることもしばしば。

なかには、物件探しから工事までを一括して担ってくれる会社もありますので、そのような会社に物件探しを依頼する方法も得策ですね。

不動産会社以外からも得られる3つの中古住宅情報

不動産会社からの連絡や情報を待っていても、自分が理想とする中古住宅に出会えるわけではありません。行動こそが理想に近づけるのです！

さて、ここからは不動産会社以外からでも得られる中古住宅情報に関しても、少し触れておきましょう。物件を探す際に一考してみてください。

【情報①：古民家希望は自治体の『空き家バンク』をチェック】

「田舎暮らしに憧れる」「地方の古民家を買いたい」という方は、『空き家バンク』というサイトで物件探しをするのも手です。

行政が主体となって地元在住の方々から空き家情報を募集し、全国の移住希望者向けに物件情報を提供しています。

空き家バンクのホームページでは、田舎暮らしの実情がチェックできます。

▼▼空き家バンク・住まい情報（ニッポン移住・交流ナビＪＯＩＮ）

http://www.iju-join.jp/akiyabank/

【情報②：安く手に入るが……いわくつきが多い「競売物件」】

「競売」とは、裁判所の管理下で物件が売却される制度のことです。

銀行などの債権者が、「住宅ローン」の返済が滞った不動産物件を差し押さえます。そして強制的に裁判所の管理下のもとで売却し、その代金から滞った支払い分を回収するのです。こういう状況下で売りに出される物件のため、金額的には「中古住宅より一般的に安い」と言われています。

ただし、いわくつきが多い物件なので、さまざまな〝弊害〟があることも事実です。

たとえば、物件を落札するまで建物のなかには入れません。落札しても、期限までに落札した金額を一括で支払わなければいけません。

金銭的なトラブルがあった物件だけに、素人が安易に手を出すのは避けたほうが無難でしょう。興味があるならば、インターネットでその情報を確認することは可能です。

▼▼不動産競売物件情報（最高裁判所）

http://bit.sikkou.jp/

【情報③：「競売物件」よりはリスクが低い「任意売却物件」】

前述した競売物件の〝1歩手前〟が「任意売却物件」です。

こちらは債権者の合意があって取引が成立します。ローンの返済が困難になった方が返済目的で売却するのがほとんどですね。

価格は一般の市場よりも安く、競売よりも割高。購入方法は一般の不動産とほとんど同じで内覧も可能です。見学に行った物件に人が住んでいて、売る理由が「ローンの返済に困って……」といった場合は、任意売却物件かもしれません。

なお、【任意売却物件】とインターネットで検索をすると、この物件ばかりを集めたサイトがいくつか見つかります。

04 どこに頼るのが安心？物件情報を持つ不動産会社の選び方

難解度

自分たちの目的に適した会社か否かで選ぼう

いざ物件選びの段階になったときに、頼るべき存在は、やはり不動産会社です。とはいえ、どこの会社でも良いわけではありません。自分たちの目的に適した不動産会社を選ぶことが肝要です。ここをはき違えると、理想の住まい購入はおろか、思わぬトラブルに巻き込まれる可能性もあるので注意してください。

不動産会社には大きく分けて、以下の2つのタイプがあることを知っておきましょう。

①地域密着型
②大手チェーン

①の地域密着型とは、いわゆる街の不動産会社。

昔からその土地で営業をしているため、その街のことを熟知しています。自分たちではまず入手できない情報も持っていることがあるので、会社規模が小さいからといって軽視してはいけません。もちろん、地場の業者との関係も深いため、「どこの工務店が工事した物件だから安心」というようなこともよく知っています。

対して、②の大手チェーンとは、テレビのCMでも登場するような有名企業です。本社の持つ情報を各店舗で共有しているため、情報に〝ブレ〟がありません。より多くの物件情報も持ち得ているので、いろいろなバリエーションを知るうえでは有効です。

いずれを選ぶべきか……その答えに正解はありません。個々の状況や理想によって選択すべきタイプが違ってくるからです。

たとえば、自分の住む街へのこだわりが強いのであれば、より深い情報を持っているであろう①のほうが良いでしょう。プランが漠然としているため、「どこから手を付けるべきかがわからない」のであれば、最初は②のほうで情報収集するのも得策ですね。

目的に適した選び方がポイントになってくることは間違いありません。

05 成功するか否かの分岐点——。リノベーション業者選びで大切なこと

難解度

5つの要素をチェックして選定するのが賢明です

不動産会社が「物件選び」の際に頼るべき存在であれば、リノベーション業者は「実際の施工をする」うえで欠かせない存在です。

いずれも自分たちが理想とする住まいを手に入れるための〝要〟となりますので、きちんと選びたいところ。つまり、物件選び、且つ住まいづくりが成功するか否かのカギとなるのは「業者選びにある」と言っても過言ではありません。

なお、リノベーション業者は、理想の住まいを手に入れたあとも長期的に付き合うケースがあります。ですので、この点も考慮して細かいところまできちんとチェックしたうえで選ぶようにしてください。

以下に選ぶうえで最低限押さえておくべき5つの要素を列挙しました。

①提案力　：間取りやデザインなど、どんなアフター（完成後）が期待できるか
②技術力（施工力）：提案したことを実現できるだけのスキル（技術）を持ち得ているか
③対応力　：職人の人数や社内のチェック体制は？　トラブルへの対応は？
④過去の実績　：これまでにどんな家を手掛けたか？　お客様の声は？
⑤アフターケア　：実際に住み始めるとさまざまな不具合が発生するのが家。そうしたときのケアはしっかりしているのか

リノベーションを依頼できる業者は、設計事務所や近所の工務店など、さまざまなタイプがあります。大切なのは「自分がもっとも重視するのは何か？」です。

たとえば、以下の2社で迷っているとしましょう。

「○社は、オリジナリティのデザインに定評アリ。ただし、耐震面でスタッフの受け答えが不十分でどうも安心できない……」

「△社は、一戸建てのリノベーションを多く手掛けた実績アリ。耐震技術や補償面も万全だが、デザインが一般的で融通が利かない……」

選定の基準となるのは、そのリノベーション業者が、たしかな技術力（施工力）を持ち得ているか否かに尽きます。いくらデザイン性が優れていたとしても、地震が来るたびにあちらこちらが損傷するようでは〝二束三文〟でしょう。つまり、たしかな技術力（施工力）があって、そのうえでのデザイン性が選択の分岐になってくるのです。

このあたりは結婚式の準備に似ていますね。ウェディングドレスや料理など、細部にこだわる前に、まずは、ベースとなる全体的なプランを成立させなくてはいけません。

私たちの業者選びは……まさに踏んだり蹴ったりでした。家の屋根が吹き飛び、天井が崩落している酷い有り様だったので、個人経営の工務店にも「ウチではとてもじゃないが手に負えない」と断られる始末。

途方に暮れていたときに、この家の広告を思い出したのです。

私たちの〝救世主〟……最終的な決め手は人情でした

「どうにかしたい！　でも、どうすれば良いのかがわからない」

私たちは〝ワラ〟にもすがる想いで、広告に掲載されていた会社に連絡を取りました。

担当してくれたのは、大垣万博さん（仮名：50歳）。

大垣さんが在籍する会社では、廃屋寸前の家でも施工実績があり、「この物件でも問題ナシ！」と太鼓判を押してくださいました。

それどころか「キッチンを1階から日当たりの良い2階に持っていけます」「和室を洋室にできます」「1部屋増やせます」などなど、熱心に提案をしてくれたのです。

このような提案ができるのも、たしかな技術力（施工力）があるからこそ。

もし、こうしたノウハウがなければ、「あれはできない」「これはダメです」といった通り一辺倒の受け答えになってしまうでしょう。

さらに、一時はこの家を買うのを諦めかけていた私たち夫婦に、

「高橋さん、元気出して！　またイチから家を探しましょう。お付き合いしますから」

と背中を押してくださり、思わず目頭が熱くなりました。

「年の離れたベテランの男性に、3カ月近くプランを練るのに付き合わせたにもかかわらず、グチの1つも言わないなんて……お願いするなら、絶対に大垣さんにしよう！」

そう心に決めたのは言うまでもありません。

業者選びの最終的な決め手となるのは、案外、人情や情熱かもしれませんね。

06 不動産会社とは信頼関係を！悪徳な業者には注意してください

難解度

双方が誠心誠意で付き合える良い関係を築こう

自分たちが理想とする物件に出会うためにも、不動産会社とは良好な関係を築いておくべきです。だからといって、「何か特別なことをしなければいけないのか」というとそうではありません。至極当たり前のことをしていれば、良好な関係は築けます。

◎待ち合わせや打ち合わせの時間を守る

◎電話に出ることができなければ必ず折り返す

こういった人としての礼儀や約束をきちんと守ることが大切です。

そして……もう1つ。本音で接し、こちらの本気をしっかり見せること。

当たり前のことにもかかわらず、意外とないがしろにしている方が多いです。

私が家探しに同行した主婦の方は、個人情報を明かさないまま営業マンと面会。このご時世、気持ちはわかりますが、名前や年齢・連絡先・家族構成も教えてくれない人に、売り主から預かった大事な物件情報を提供するでしょうか？

厳しいかもしれませんが、あくまでも向こうはビジネス。ゆえにそんな謎だらけのお客様に対して、不動産会社が本腰を入れて相談にのってくれるとは思えません。平均的な受け答えこそするでしょうが、1歩踏み込んだことまでは話そうとはしないはず。

不動産会社が持ち得ている〝カード〟を引き出すためには、こちらも腰を据えていったほうが良いでしょう。

女性が1人、夫に隠れてコソコソと家を探すのも良くありませんね。

「夫はまだ家を買うことに賛成していない」「夫と休みが合わない」「物件を見つけてから夫に相談する」など、諸事情はあるでしょうが、やはりご夫婦一緒に「本気で家を買うぞ！」と決意をしたうえで挑んでください。

ちなみに、年収や勤続年数・会社名・仕事の内容・家族構成・借金の有無などは、調べればローンの審査などでバレてしまうので正直に伝えておきましょう。

知り合いの営業マンは、「収入を2割増しして言う方が多い」と笑っていました。

そのほかにも、〝二股〟を公言する姿勢は考えものです。

富永杏奈さん（仮名：29歳）は、複数の担当者に「別の会社にも依頼しているから、御社で買うかどうかはわからない」と正直に伝えていたそうです。

本来であれば、こうした言動はＮＧなはず。

恋愛に置き換えて考えてみるとわかるでしょう。

たとえば、「あなたのほかにも付き合っている人が何人もいるし、結婚するかどうかは、まだわからないわ」などと言ったら、相手側からすれば「本気ではない」と捉えるのは必至。その後の関係が上手くいかないのは目に見えて明らかです。

住宅購入の場合、本気で買う意思があることを見せるのが重要であって、他社の存在を見せることは問題ありません。むしろ、そうしたライバル社と比較した際に、自社のメリットやデメリットをはっきりと口にできる会社こそ、信頼に値します。

狙った獲物（物件）を手に入れるために、慎重になりすぎるのも問題です。日頃の行いや人との信頼関係の築き方・人間力が家を買うときにも問われます。

大きな声で強引に押し切る業者は怪しい!?

不動産の売買には、常に『宅地建物取引主任者』と呼ばれる方が関与してきます。これは、取引の責任の所在を明らかにするためです。

取引の際には、重要事項説明書の交付とその書類の内容を説明する義務があり、宅地建物取引主任者の重要な職務となります。

仲介手数料の金額の上限も「宅建業法」で決められています。売買（取引金額が400万円超）の場合は、【仲介手数料＝取引金額×3％＋6万円】です（※2014年6月時点）。購入に至らなければ、仲介手数料を支払う必要はありません。

悪徳な業者の多くに共通することは、「大きな声で契約を急がせる」という点です。契約者が少し悩んだとき、買うことを躊躇している姿勢が見受けられたときなどに、強引に押し切ろうとするタイプが該当すると聞きました。

不動産会社は法律に基づいて営業しているため、悪徳な業者はそう多くはないはずですが……どうしても心配な方は見積りの項目などに関して、念入り、且つ慎重に確認してみてください。建築士や弁護士等の専門家に問い合わせてみるのも良いでしょう。

07 ネットだけに頼らない！自分の足で、自分の耳でリサーチを

難解度

体験者の〝生の声〟は業者選びの決め手になる

「1社に絞ってはみたけど、もう1歩が踏み出せない……」

こういったときに、インターネットの掲示板にある体験談や評判・批判を頼る方もいるでしょう。私個人の意見としては、インターネットの情報のみに頼るのではなく、その業者で工事をした経験者の〝生の声〟を必ず聞くこと。それから自分自身で直接出向いてリサーチをすることです。そのためには、工事途中を見学できる現場見学会や完成見学会などのイベントに参加すると良いでしょう。

さて、業者選びが終わったからといって、その後は業者に丸投げではいけません。我々施主も業者と二人三脚でしっかり勉強し、頼んだことには責任を持ってください。そこで、大切なのが「注文」「確認」「交渉」という施主が注意すべき場面です。

リノベーション業者で働く知人は、「家づくりに関する仕事にはクレームが付きものだ」と教えてくれました。施主にとっては一生に一度の高いお買い物。1000万円近くかけたケースでは、施主のミスにもかかわらず、少し間違えただけで責められることもあるとか。気持ちはわかりますが、間違えないような指示も施主の責任なのです。

自分なりに住まいの勉強をしっかりしておくことが大切ではないでしょうか。

年間1万件超……トラブルや詐欺に注意!!

リノベーションやリフォームに関するトラブルや詐欺があとを絶ちません。

『国民生活センター』によると、年間1万件以上の住宅改修に関する相談が寄せられており、2011年には1万3000件を超えたそうです。じつに1日36人がトラブルに巻き込まれている計算になります。

注意すべきは、訪問販売です。なかでも、頼んでもいないのに「点検」と称して、家にあがる「点検商法」にはご用心!

住人の恐怖心をあおって、不必要なリフォーム工事契約を結ばせる業者もあります。

特に高齢者がいるお宅では詐欺の被害が多いため、注意しましょう。

　そのほかにも、水道のチェックを持ちかける詐欺も多いと聞きます。水道水のチェック作業は水道局の仕事です。指定業者を名乗ることもあるので、必ず役場に確認を！　なお、リノベーション業は、工事請負代金が５００万円未満ならば、資格がなくとも工事を請負うことができます。訪問販売で工事を勧誘してくる業者は注意ですね。

　必ず以下に列挙したような資格の有無を確認してください。

◎建設業許可
◎1級、または2級建築士事務所登録
◎リフォーム瑕《か》疵《し》保険登録業者

※訪問の場合、たとえ悪徳の業者ではなくとも免許などは持参していない。まず、写しをファックスしてもらうか、コピーを提示させるようにしたい

　実際にその会社を訪問したり、噂を聞いてみるのも良いでしょう。過去に施工した実績を提示してもらうのも１つの手です。悪徳の業者は、事務所がない場合が多く、仮にあっても雰囲気や社員の対応がすこぶる悪い傾向にあるようです。

第3章

契約前に確認を怠らない！中古住宅特有の注意点とは？

01 中古住宅をいかに評価するか――。構造上の制限は要確認です

難解度

強い意思と決意を持ったうえで物件を見定める

中古住宅の多くは、誰かが何年か暮らしたうえで手放した物件です。そのため、実際にその物件を目のあたりにして、多少なりとも幻滅するのは仕方がないことでしょう。

とはいえ、どうしても耐え難いこと以外は目をつむる覚悟も必要です。むしろ、「これから自分好みにリノベーションをするのだ！」と強い意思と決意を持って、物件を見定めるようにしてください。リノベーション次第で、いかようにも変わるのですから。

しかし、中古の一戸建て・中古のマンションのいずれの場合も、自分たちではどうすることもできないケースも、なかにはあります。建物における構造上の問題や管理組合の規約によって〝制限〟が生じる場合です。

こういった事実は、事前にリノベーション業者にきちんと確認しておきましょう。

自治体が行う無料の耐震診断は受診する価値アリ

中古住宅だからといって、何でもかんでも自分たちの好き勝手にリノベーションができるわけではありません。ここは勘違いしないように！

前述しましたが、制限が設けられているケースもあります。マンションの場合は、管理組合の規約で、一戸建ての場合は、構造上の問題で、大きな間取りの変更には制限が生じることもあるようです。

以下に列挙したのは、その一例です。

◎東向きの家を南向きにはできない
◎2階建てを3階建てにしたり、増築できない場合がある
◎階段の位置を変えることができない場合がある
◎水回りの移動には限度があることもある

なお、10㎡を超える増築を行う場合は、事前に申請を出して確認を取らなければなりません。また工法（土木・建築工事等における施工方法）によっても、できることとできないことがあるので注意してください。

たとえば、『木造軸組工法』の場合、構造上に問題がない限り制限はありませんが、『2×4工法』は、面で支える構造のため壁を抜いてワンフロアにしたり、水回りの位置を変えるような変更は難しいようです。3階建ての場合、どんな工法でも壁のほとんどが耐震の役割をしているので、間取りの変更が制限されてしまいます。何より構造計算が必要となって確認申請をしなければなりません。

購入を考えている中古住宅の耐震における性能については、リノベーション業者に依頼する以外にも、自治体が行っている建物の無料の耐震診断もオススメです。

建築士が家の状態を診断したうえで、耐震補強に必要な概算見積りを出すなど、いろいろと教えてもらえます。活用しない手はないでしょう。

ただし、無料の耐震診断は、自治体によって詳細が異なるので注意！

次ページに掲載したような問診票（事前聞き取り調査書）を用意している自治体もありますので、最寄りの役場に問い合わせてみてください。

自治体による問診票の一例（※埼玉県の書式例）

事前聞き取り調査書

建設年度	□ 大正　　年 □ 昭和　　年
地盤の種類	□ 良い・普通 ・関東ローム層（洪積台地）又は同等以上の地盤（下記以外のもの） □ やや悪い ・埋立地及び盛土地で大規模な造成工事（転圧・地盤改良）によるもの □ 非常に悪い ・海、川、池、沼、水田等の埋立地 ・丘陵地の盛土地で小規模な造成工事によるもの ・液状化の可能性があるところ ・30mよりも深い沖積層（軟弱層） □ 不明
基　　礎	□ 鉄筋コンクリート造基礎 □ 無筋コンクリート造基礎 □ ひび割れのあるコンクリート造基礎 □ その他の基礎（玉石、石積、ブロック積）
屋　　根	□ 重い屋根 ・かや葺き、瓦葺きなど □ 軽い屋根 ・鉄板葺き、スレート葺きなど
老朽度	□ 健全 ・建設からまだ間もない ・建て付けの悪いところはない □ 老朽化している ・建築後年度が経過し、屋根の軒先が波打っていたり、柱に傾きがある ・建具と扉の間に隙間がある ・床を歩くと、ぎしぎし音がする □ 腐ったり、シロアリに食われている ・浴室周辺で木材が茶褐色や白色に変化して腐っている ・シロアリ（4 枚羽があるシロアリ）を見た ・窓や床の傾斜をはっきりと感じる ・壁が傾斜しているのが目で見てわかる
聞き取り者	

02 本当にその家で大丈夫? 聞き込み調査と「登記簿」をチェック

難解度

「日中と夜」「平日と休日」の最低4回は内覧に出向く

業者と具体的な話が進み、不動産会社といよいよ契約を交わす……。

ちょっと待ってください!

本当にその中古住宅のあらゆる情報を知ったうえで、契約をしようと決めましたか?

もしそうでないならば後々トラブルの危険性大ですよ。

ということで、自分たちで物件を見定める方法をもう少しお話ししましょう。これ以降を読んで、実践したうえで最終的な契約を交わしても遅くはありません。

「賃貸物件は〝恋人〟、持ち家は一生添い遂げる〝結婚相手〟だ」と言われます。

「この家だ!」という運命の家を見つけたら、実際に内覧(いわばデート)に行き、自分たちと本当に相性が合うかどうかの最終的な判断をしましょう。

内覧は、最低でも4回は必要です。

「日中と夜」「平日と休日」という具合に、それぞれ異なる時間帯や曜日をチェックします。要は、オモテの良い顔ばかりを見るのではなく、ウラの顔もきちんと見ておくということです。このあたりは恋愛のコツと似ていますね（笑）。

なお、内覧の際は自分一人だけで見学するよりも、建築に詳しい知人がいたら一緒に同行してもらうと、また違った意見を得ることができます。

カメラを持参して、全体像はもちろん、直感的に気になるところを撮影しておくのもお忘れなく！　後日、写真を見直すことで新たに気がつくこともあるからです。

気分はまるで〝刑事〟か〝探偵〟——聞き込み調査のコツ

私たちは今の家を買うときに、不動産会社はもちろん、近所で聞き込み調査を実施しました。その土地で長い間、美容院を営む高齢の女性に着付けを頼んだときに、この地域の歴史や災害の被害などを教えてもらったのです。

昔から「向こう三軒両隣」と言われるように、ご近所さんと懇意になることで、不動産会社も知らないような情報を入手できることがあります。

調査の対象者は、ご近所さんだけとは限りません。

たとえば、内覧時に前の住人が住んでいる場合がありま す。これは居座っているわけではなく、退去する前に売り出しているのです。その場合、住んでいる本人から家の話を聞き出す大チャンス！

中古マンションとは違い、事前にチェックができない新築マンションでは、まったく予想していなかったトラブルが往々にして起こります。

中古マンションでは、すでに人が住んでいます。上下左右の住民に事前に挨拶に出向き、懸念事項等を伝えて相手の反応を見てみるのも良いかもしれません。相手の反応次第で別の物件を探すのもトラブル回避のポイントです。

トラブル回避における７つのポイント

①子どもやペットの騒音をチェック!
②周囲にトラブルメーカーがいないか？
③掲示板や管理組合などでトラブルの有無を確認
④近隣や上下左右の住民にそれとなく話を聞く
⑤インターネットでマンション周辺の口コミをチェック!
⑥前の住人がコロコロと変わっていないか？
⑦こちらの懸念事項があれば事前に申告

真実が見えてくる!? 「登記簿」で物件の過去を知る

いよいよラストスパート。この段階で行うのは、中古住宅の〝過去〟を知ること。

そこで、役に立つのが「登記簿」です。これを見れば土地と家の「履歴」を知ることができます。不動産会社でなくとも、誰でも最寄りの法務局で「登記簿謄本」を入手することは可能です。よく確認しておきたいのは甲区と乙区。所有権に関する甲区と所有権以外の乙区で、この乙区を代表するのが「抵当権」です。つまり、「どこの誰が債権を保証するための担保にしているのか」がわかるようになっているのです。

私たちも、今の物件の登記簿を見たときにゾッとしました。前の住人が土地と家を担保に「いつ」「どこから」「いくら借金したのか」などが丸わかりだったからです。

競売にかけられた過去があることもわかりました。

お互いの親に「こんな家を買おうと思うんだけど、どう思う?」と相談したら、案の定、猛反対。でも……そう言われると、余計に欲しくなるから不思議です(笑)。

皆さんも欲しい家が決まったら、登記簿を取り寄せてみましょう。それまで知り得なかった真実に直面するかもしれません。

03 中古マンションは騒音対策の充実度に目を光らせる

難解度

「床・窓・壁」の遮音性能の目安となる数値と見方

実際に中古住宅を見学する際にチェックしておいたほうが良いことは多々ありますが、なかでも今後の日常生活で一番気になるであろう騒音対策に関しては、目を光らせてください。個人のプライバシーが重視されている昨今、この点は事前に確認しておかないとトラブルのもとです。余計なストレスを抱えることにもなります。

中古の一戸建てならば、さほど気にすることはないでしょうが、こと、複数の世帯が暮らすマンションでは、部屋の間は壁や床のみで区切られているだけです。自分たちは気にならなくとも、ほかの住民から「クレームが来る」といった話はよくあります。

そこで、ここからは、中古マンションの購入を考えている方に遮音性能の見方についてお話ししましょう。

「床・窓・壁」の遮音性能で、ある程度の騒音は防げます。以下に目安となる数値と、その見方をざっくり解説しましたので、見学時に必ずチェックするようにしてください。

【チェック①：床の状態】

上下階の遮音性能は、「重量衝撃音（ＬＨ）」と、「軽量衝撃音（ＬＬ）」の２つの数値をチェックします。重量衝撃音とは、人が歩いたり、飛び跳ねたりする振動音や洗濯機などの振動音のことで、ＬＨ50以下が理想です。

他方、軽量衝撃音とは、食器の落下音やイスを引きずる音、スリッパでパタパタ歩く音などのことで、ＬＬ45以下が理想とされています。

マンションのパンフレットやチラシなどでは、片方の〝優秀な〟数値のみが記載されている場合もありますが、ＬＨ・ＬＬの両方の数値をチェックしておきましょう。

ただし、これだけでは不十分。一番のトラブルになるのが床なりです。歩くたびにギシギシ鳴ると、それだけで不快な想いをします。見学時には、必ず床を強く踏み込んで、そうした音がしないかどうかを確認したいものです。

【チェック②：窓の状態】

幹線道路沿いなどの交通量の多い場所では、窓のサッシの遮音性能もチェックしましょう。性能を表す数値は、「T値」で表現され、T1以上が理想です。

等級がT3以上と高すぎる場合も注意！　外部の騒音が大きいために遮音性能を上げざるを得ないとも予測できるからです。

たとえば、屋外に幹線道路が通っている状態は、だいたい80ホン（デシベル）という数値になります。そこに、30ホンの音を遮ることができるT2の窓をはさむと、室内は50ホンにまで抑えられるのです。

これは電話の鳴らない静かな事務所と同じくらいの環境です。

もっとも大切なのは、自分の耳で確かめること。つまり、事前に一番交通量が多い時間帯を調べ、その時間帯に部屋へ出向いて、実際に道路を行き交う車やバイクなどの音を聞き、それが今後の日常生活で苦痛なるかならないかを判断するわけです。

【チェック③：壁の状態】

両隣りの部屋との音は、壁をチェックすることでわかります。

数値は「D値」で、D50以上が目安です。エレベーターの横の部屋はモーター音が響く場合があるので、この点も抜かりなくチェックしておきましょう。コンクリートの厚さも遮音性能にかかわってきますが、22㎝以上が理想的です。

人によっては、隣戸の水の音も気になるものです。

たとえば、各戸で間取りが異なる自由設計の場合、寝室の隣りが隣戸の浴室というケースもあり得ます。このあたりもきちんと確認しておいてください。

ちなみに、現状の間取りから隣室の構造も想像できます。パイプシャフトの位置と寝室が一緒というレイアウトならば、隣室のレイアウトも対照的な形になっていることは明らかなので、深夜の水の音が気になる可能性も……要注意ですね。

04 〝ワケあり物件〟を購入？本人さえきちんと納得できればOK

難解度

格安なのには……それなりの深いワケがあります

「自分たちでは絶対に手に負えない」――。

それは重々承知している。よくわかっている。でも……どうしても気になってしまうのが飛び抜けて安い〝ワケあり物件〟です。

事件や事故等が原因で人が亡くなった過去がある「心理的瑕疵《かし》物件」、１９８１年以前に建てられた「旧耐震の家」、間口が狭く奥に広がった形状の「旗竿地」、傾斜地に建てられた家などが、これに該当します。

前述したワケあり物件のなかでも、圧倒的に格安なのが以下に挙げる「現在の法律にそぐわない物件」です。これらは担保価値が低く、ローンが組みづらいという欠点があります。その反面、購入する本人さえそういった既成事実に納得できれば、通常よりも格安で夢のマイホームを手に入れることが可能です。

【①：再建築不可物件】

再建築不可物件の場合、現在の「建築基準法」の「接道義務」を満たしていないので建て替えができません。ですが、リノベーションはできます。

後述する【②：既存不適格建築物】と混同しがちですが、その違いは「建て替えが可能か否か」という点です。

たとえば、工事の車や消防車も入れないような〝住宅密集地〟の細い路地を入った奥まったところにある家が該当します。

私の自宅セミナーに参加された男性は、横浜で再建築不可物件の一戸建てを100万円で購入したそうです。23区内の庭付き一戸建てを980万円で購入した女性もいます。付加価値をどこに見出すかによっては、こうした物件でも自分らしい暮らしが送れるかもしれません。ただし、購入してリノベーションをしたあとで「やはり気に入らない」と後悔しないためにも事前にしっかりと検討しておきたいですね。

【②：既存不適格建築物】

建築基準法にも〝特例〟があります。昔に建てられた建築物は、たとえ現行の法律に違反していても、建設当時の基準に合っていれば良しとされるのです。

これを「既存不適格建築物」と呼びます。

ただし、建て替える際には、適法な建築物にしなくてはなりません。

じつは私たちが買った家もこれに該当します。「建ぺい率（96ページ図参照）」が基準をはるかにオーバーしていたからです。建て替えると狭い家がさらに狭くなるので、リノベーションでもとの広さを活かすことにしました。

【③：要セットバック物件】

簡潔に言えば、「セットバック」とは、敷地や道路の境界線から後退して建物を建てることです（97ページ図参照）。じつは建築物の敷地は「幅4m以上の道路に2m以上接していなければならない」と決められています（※「接道義務」のこと）。

もしも接している道路が幅4m以下だと？

新たに建物を建築する場合には、将来的に4mの道路幅を確保できるように、道路の中心線から2mの位置まで敷地を後退させなければなりません。つまり、後退といっても道路から離れた分は敷地が狭くなるのです。

そこで登場するのがリノベーション。97ページを見てください。道路後退線までセットバックをしなければならないことがわかります。

建て替えをすると家が狭くなりますが、リノベーションならば、既存の広さを活かせるため、これまでどおりの空間を維持することが可能です。

【④：定期借地権付き住宅】

最後に、〝格安〟つながりということで、定期借地権付き住宅についてもざっくり触れておきましょう。「借地権」とは、建物の所有を目的に、地主から土地を借りて使用する権利のことです。

土地は借り物。ゆえに所有権のある土地や家よりも、安く取引されています。地主が「今は使わない土地だが、売りたくはない」などの理由で売らずに貸していることが多いようです。借りている間は、自由にリノベーションもできますが……地主に返却する際には更地にしなければなりません。

用途地域と「建ぺい率」の関係

用途地域	指定建ぺい率（原則の数値）
第1種低層住居専用地域 第2種低層住居専用地域 第1種中高層住居専用地域 第2種中高層住居専用地域 工業専用地域	30%、40%、50%、60%のうちいずれか （都市計画で定める）
第1種住居地域 第2種住居地域 準住居地域 準工業地域	50%、60%、80%のうちいずれか （都市計画で定める）
近隣商業地域	60%、80%のうちいずれか （都市計画で定める）
商業地域	80%（一律）
工業地域	50%、60%のうちいずれか （都市計画で定める）
用途地域の指定のない区域	30%、40%、50%、60%、70%のうちいずれか （特定行政庁が都市計画審議会の議を経て定める）

（補足）建ぺい率は、用途地域によってその率が決められている

幹線道路と「セットバック」の関係

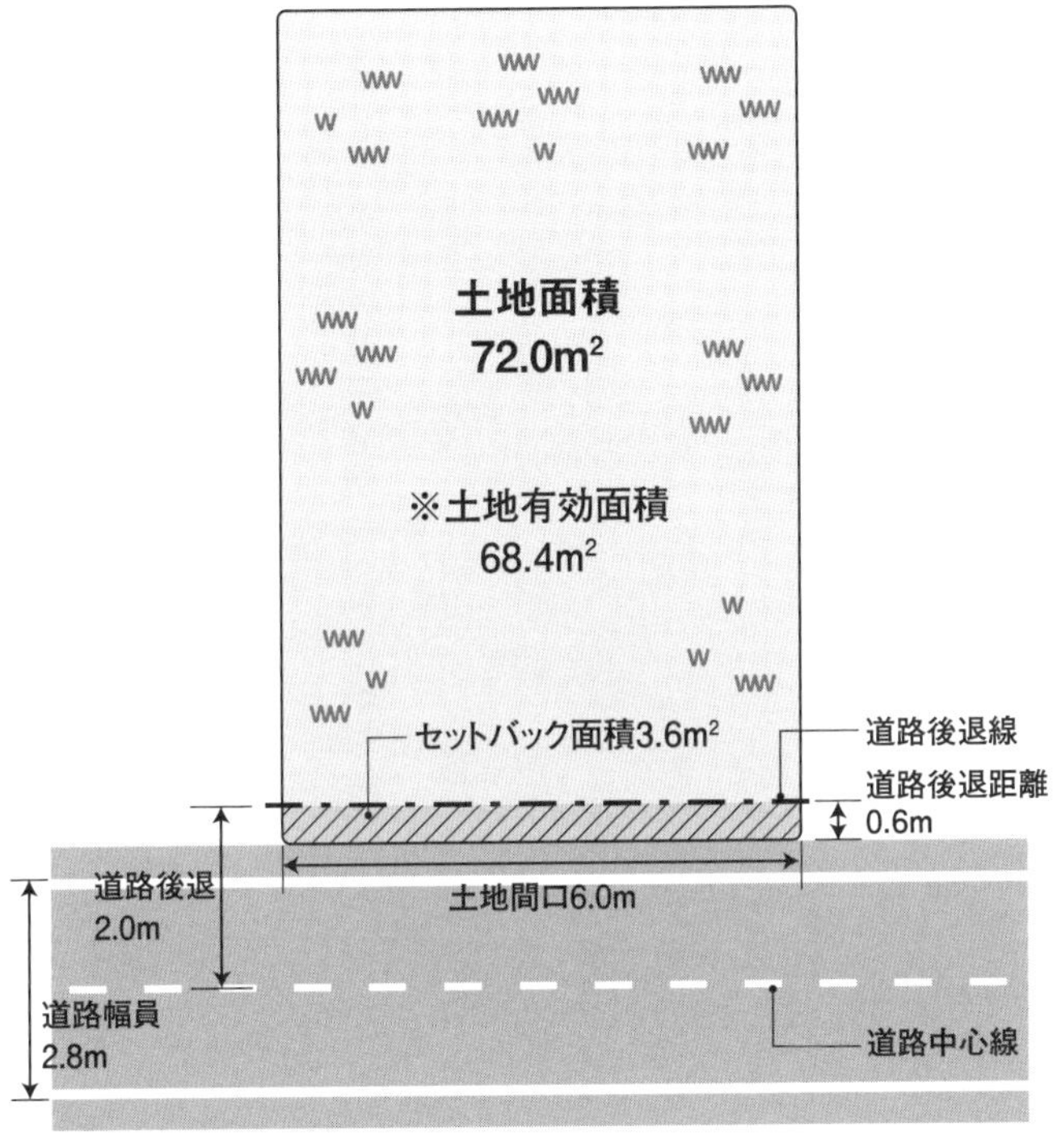

上図からわかるように、一般的には4m以下の道路に接する土地に新たに住宅を建てる場合、その道路の中心線から2mのところまで「セットバック」しなければならず敷地の扱いが狭くなる。
リノベーションの場合は、建築物自体を新たに建てるのではなく、「今あるものに手を加える」という考え方から、この規制にはあたらない

05 困ったときは専門家を！無料相談会をフル活用しよう

難解度

必要に応じて有料の第三者機関への依頼も検討

初めて中古住宅を購入する方にとって、その過程で起きるあらゆる出来事に不安や悩みを抱えてしまうのは当然でしょう。そういったときは、専門家に相談してください。

市区町村によっては、弁護士や建築士・税理士等の専門家に相談できる「無料住宅相談会」が開催されています。住宅展示場やショールームなどに設けられている場合もありますので、気になることがあったらフル活用しましょう。

私たちも、無料相談会で建築士に我が家のプランや見積りを見てもらい、

「もっと安くできるところはないか」

「おかしな点はないか」

など、怒濤の質問攻めをしました（笑）。

これから購入しようと考えている中古住宅に関して、
「もしかしたら……欠陥住宅ではないか」
「耐震性の問題は本当にないのか」
「将来的にいつ・どこに・どれくらいの費用がかかるのか」
といったことがどうしても気になる方は、無料相談会以外にも、有料の第三者機関に依頼してアドバイスをもらうことも検討してみてください。

たとえば、『ホームインスペクション（住宅診断）』という方法があります。

住宅に精通した『ホームインスペクター』と呼ばれるプロの住宅診断士が、第三者的、且つ専門家の立場から住宅の劣化状況・欠陥の有無・改修すべき箇所・その時期・おおよその費用などを見極めます。

この診断は、中古住宅の購入前でも可能です（所要時間2～3時間・料金5万円～）。

ちなみに、ホームインスペクターはあくまで診断のみにとどまります。修理や修繕などが必要な場合には、工務店などに依頼をしましょう。

▼▼内閣府認証ＮＰＯ法人　日本ホームインスペクターズ協会
http://www.jshi.org/

「おかしい？」と感じたら「消費生活センター」に連絡を

新築ほどではないにしろ、リノベーションにも大きなお金がかかります。実際に工事が始まってからでは、人件費や工事費を取り戻せないこともあるので、「どうもおかしいな……」と直感的にでも感じたら、なるべく早い段階で相談をしましょう。

トラブルの相談が多数寄せられているのが「消費生活センター」です。独立行政法人の『国民生活センター』が運営しています。消費者からの相談を専門の相談員が受け付け、対応してくれる「建築士会」などを紹介してくれます。

そのほかにも、リフォームやリノベーションのトラブルの相談を中心に行っている相談窓口もあります。公益財団法人『住宅リフォーム・紛争処理支援センター』の『住まいるダイヤル』もその1つです。

もちろん、こうした相談窓口を頼らなくとも済むように、信頼できる不動産会社やリノベーション業者を選ぶに越したことはありません。

第4章

抜かりなく！ キッチリ学ぶ！ リノベーションのお金の話

01 中古住宅をリノベーション！「何に」「どれくらい」必要なの？

難解度

家の資産価値は0円同然でも土地代はかかります

「この家は築37年だから資産価値は、０円同然です！」

今住んでいる我が家に出会ったとき、不動産会社からそう聞かされました。

「まだ修理をすれば住めるはず。価値がないとは、どういうことなんだろう……」

不動産会社の発言に驚き、何とも言えない〝違和感〟がどうしてもぬぐえなかったことを今でも鮮明に覚えています。

本やＣＤ同様に中古のほうが格安なのは納得できますが、なぜ、０円なのか。

じつは住宅などの建物は『固定資産』と呼ばれ、「何年で」「どのくらい価値が落ちるのか」が国税庁により法律で決められています（「法定耐用年数」と言う）。

これによると、木造一戸建ての法定耐用年数は20年。つまり、20年も経つと物件の資産価値がなくなり、0円同然になるというわけです。

ちなみに、これは「価値が0円」という意味であって、物件検索をする際の条件に「0円」と入力しても、何も出てきません。不動産の広告では「古家付き土地」と表示されているケースが多く、壊しても、再利用しても良い家が建っている土地として売られているからです。

ただし、家は0円同然でも土地代はかかります。

私たちの場合、土地を2070万円で購入しました。当然そこには0円の家も含まれています。そして、購入後のリノベーションの工事費用が1180万円。家・土地・リノベーションの費用を合わせると合計3250万円になりました。

「結構かかるじゃないか」

そう思われた方、もう少しお付き合いください。

私たちが住んでいる地域は、東京23区内で駅から徒歩5分の住宅地なのですが、我が家にほど近い場所で売りに出ていた新築の建売住宅は4750万円でした。

新築住宅はすべてが新しいわけですから、中古住宅よりも金額が高いのは頷けます。

ここからは〝価値観〟の話になるのですが、これを高いと捉えるのかどうかは個々の判断にお任せします。ただ、その判断が大きな分岐点になることは間違いありません。人によっては立地条件にこだわるでしょうし、なかには、ライフスタイルに合った家づくりのためにお金に糸目をつけない方もいるでしょう。

いずれの場合も、リノベーションという選択肢を選べば、さまざまなニーズに応じて自由に予算を組み合わせることができます。建売住宅のように「1棟いくら」とすでに予算が決まっているのではなく、自分の欲しい家と理想の実現に向けた予算が組めるのが、リノベーションを行う「大きなメリットだ」と言えるでしょうね。

別途でかかる「諸費用」は現金で支払う準備を！

住宅購入時には、家・土地・リノベーションにかかる3つの費用のほかに、不動産会社への「仲介手数料」などの「諸費用」が別途でかかります。

なお、諸費用はケースごとに5つあります。

物件購入から居住開始までの諸費用と支払い時期の一例

契約時

◎印紙代
◎仲介手数料（半金）

融資手続き時

◎ローン費用
◎ローン事務手数料
◎ローン保証料
◎団体信用生命保険

残代金決済時

◎登記費用
◎仲介手数料（残金）
◎各種清算金

居住開始時

◎火災保険料
◎引っ越し費用
◎リフォームや増改築費用
◎ハウスクリーニング費用
◎家具等購入費用

居住開始後

◎不動産取得税
◎固定資産税・都市計画税

＋

¥？？？，？？？－

これは、中古住宅に限ったことではなく、新築住宅も同様です。

諸費用のおおよその目安は物件の6～10％の金額。物件価格が3000万円であれば、180～300万円が目安となります。支払いは現金が望ましいです。

人によっては、近隣住民への挨拶費用や引っ越し費用、地鎮祭や上棟式の費用・仮住まい費用なども必要になってくるかもしれませんね。

リノベーションの場合、地鎮祭や上棟式を行わないケースも多いと聞きますが、私たちは家に礼を正す意味でも地鎮祭を行いました。

そのほかにも、工事期間中は、別に賃貸住宅を借りて住むため、仮住まい費用も必要です。私たちは以前住んでいたアパートが徒歩2分の場所にあったので、完成まではそこに住んでいました。

「管理費」「修繕積立金」はマンション特有の費用です

前述した諸経費とは別に、マンションの場合は、毎月、「管理費」や「修繕積立金」、車を持っている方は「駐車場代」がかかります。

これらは、購入前にチェックすべきマンション特有の費用です。

なお参考までに、マンションの管理費は一戸あたり、月平均1万5257円、修繕積立金は1万1800円で、合計2万7057円（国土交通省の2013年調査より）。

毎月、旅行に行けそうな出費ですよね。ゆえにマンションを買うときは、管理費や修繕積立金が妥当か否かなど、以下に挙げる3点を事前にきちんと確認してください。

【①：「管理費」と「修繕積立金」の金額は妥当か】

近隣のマンションや同じくらいの築年数のマンションと比較します。

「管理費より修繕積立金が高いほうが良い。逆になっている場合は要注意！」

「修繕費は積み立てられていくため高いほうが良い」

なかには、こういう方もいらっしゃいます。


この管理費と修繕積立金ですが、それぞれどのようなものなのでしょうか。

管理費とは、日常的な管理に対して発生する費用のことです。

他方、修繕積立金とは、共用部分の大規模な修繕などに使用することを目的とした費用として積み立てるものです。修繕積立金は、通常の管理費とは区別されなければならないもので、「管理費と混同してはならない」と決められています。

どちらもマンションの管理組合に対して〝預り金〟という形で支払うことになり、管理組合は組合の会議で議決された内容に沿って、業者選定をし、工事に着手する形となります。不動産会社を通して「修繕積立金はちゃんと貯まっているのか」「これまでに管理会社のトラブル等は報告されていないか」などを確認しておきましょう。

【②：管理人や入居者にも聞き込み調査を！】

「入居者はどんな方が多いのか?」
「どんなトラブルがあるのか?」
「掃除はどれくらいのペースでしているのか?」

こういった情報は押さえておくべきですね。また「保育園の待機児童の状況はどうか」「マンション内に母親同士のコミュニティはあるのか」「自治体の子育て支援や介護のサポートは充実しているのか」など、実際に住んでいる方しか知らない貴重な情報も入手しておくと、より安心です。

【③：共同施設等の管理状況をチェック】

住民同士が共同で使う階段やエントランス・ゴミ置き場の管理状況もチェックしておいたほうが良いでしょう。

こういったことは、その建物内の掲示板を見るとわかる場合も……。

とあるマンションで「夜9時以降は、テレビの音が外に漏れないようにする。子どもを廊下や階段で遊ばせない。騒がせない」などの注意書きを見掛けたことがあります。きっと入居者は高齢者の方々が多く、子どもの声や物音のトラブルが多発しているのでしょう。掲示板を見るだけで、このマンションは「子持ち夫婦には不向きだ」と察しがつきます。

02 妥当？ それとも高い？ 我が家は1180万円もかけました

難解度 ●●

工事費用はこだわりと物件の状態によって異なる

通常、リノベーションの工事費用は、施工内容に準じて価格が決まります。前述しましたが、我が家はリノベーションだけで1180万円もかけました。大がかりな工事となるため、どうしてもまとまった金額が必要になってきます。

ただし、各人でこだわる部分や購入する中古住宅の状態によって金額は変わります。事前に施工業者から見積りを取り寄せるなどをして調べておくことが肝要です。

当時の図面を入手して実現できるか否かを判断！

一戸建てであれ、マンションであれ、リノベーションには工事着手と同時に既存の解体作業が発生します。

そのときに重要なのは、「間取りに合わせて壁を壊すことができるのかどうか」ということです。壁のなかに隠れて外からは見えない柱があって、当初のプランどおりに進まないケースが発生するかもしれません。

こうした事態を未然に回避するうえでも、その物件自体が建てられた当時の図面を入手することが肝要です。プロが書いた図面なので、物件の〝真の姿〟がわかります。

マンションであれば管理組合に、戸建てであれば施工した工務店に問い合わせるのが一般的なのですが、経過年数が多ければ多いほど、紛失などの理由で入手できないこともしばしば。築何百年も経っている古民家などは難しいかもしれませんね。

そうした場合には、リノベーションを依頼する施工業者に、入念な〝現地調査〟をお願いして、理想の間取りが実現できるか否かを確認するようにしてください。

マンションの場合、「専有部分」と「共用部分」の区分けがあることも知っておきましょう。この区分けによって、工事ができる部分とできない部分が発生します。

自分でリノベーションができるのは専有部分だけ。つまり、外壁や窓・玄関扉などは工事ができないのです。ただ、マンションの場合には、修繕積立金がありますので、仮に傷みが著しく酷くなったときには、そのお金を用いて大規模な修繕をすることになります（１０７ページ・１０８ページ参照）。

なお、マンションの場合には、それぞれ細かい規約があり、工事の方法や工事の申請・許可が必要であること、使用する材料の指定があることも……。

「浴室の改装は禁止」

「指定業者以外は出入り禁止」

「水回りの移動は禁止」

「分電盤の容量やガス給湯器の大きさが決められている」

なかには、こういったケースもあるようです。

購入時にどこまでリノベーションができるかを費用とともに建築士、もしくは施工業者に確認しておきましょう。

リノベーションによって発生する3大費用

①住宅購入時にかかる費用

まだ住宅を持っていない場合は、住宅を購入する必要があります。中古一戸建てや中古マンション等の中古住宅を購入するのに必要な費用は、大きく分けて「物件購入費」「諸経費」の2つです。

諸経費には、「仲介手数料」「登録免許税」「司法書士報酬」等があります。どのような諸経費がかかるのか、購入時にきちんと確認しておくことが大切です

②リノベーションにかかる費用

リノベーションは、非常に規模の大きな工事になるため、費用もかさむ場合があります。「リノベーション」と言っても、建物をスケルトン状態にして完全に解体して工事を進めていく大規模なものから、内装や水回りのみの工事を行うといった小規模なものまでありますので、かかる費用も大きく変わってきます。

端的に言うと、リノベーションの費用は上で述べたような工事の規模や広さで決まるのです

③居住後にかかる費用

リノベーション済みの家に引っ越ししたあとにも費用がかかります。主な費用として、「管理費」等と「固定資産税」等の維持管理費が必要です。後悔しないリノベーションを実現させるためにも、居住後にかかる費用を見据えて行うことが肝要です

03 パターン別で考える支払い方法とローンの種類

難解度

持ち家の有無によって費用の支払い方法が変わる

リノベーションにかかる費用の支払い方法は、持ち家があるかないかで大きく変わってきます。以下に2つのパターンを挙げましたので、それぞれを説明しましょう。

【パターン①：持ち家をリノベーションする】

持ち家や実家をリノベーションする場合は、家や土地代は不要ですよね。リノベーションの費用だけを考えるだけで済みます。

支払いの方法ですが、貯金や退職金などで現金一括払いをする方もいるでしょう。とはいえ、こういったケースは稀で、ほとんどの方はローンを組むと思います。たとえば、リノベーションの資金を融資する「リフォームローン」を組んだり、そのほかのローンを組んだり……いずれの選択肢を選ぶかは個々の判断にお任せしますが、条件等をよく吟味したうえで決めるようにしてください。

【パターン②：中古住宅を購入してリノベーションをする】

支払う相手は住宅購入費（家＋土地代）を不動産会社を通して売り主に支払います。それとは別に、リノベーションの工事費用を施工業者へ支払います。

住宅購入費（家＋土地代）は、「住宅ローン」か、住宅ローンよりも金利は高いが融通が利く「ノンバンクの住宅ローン」などを使います。

なお、金融機関によっては、住宅購入費（家＋土地代）とリノベーションの費用を一括で支払うことができる「リフォーム付き住宅ローン」があります。一括でお金を借りて住宅購入費は物件の売り主へ、リノベーションの費用は工事業者へ支払う仕組みです。

ちなみに、すでにリノベーションが成されている家を買う場合は、たいてい販売価格にリノベーションの費用等が上乗せされていると思って間違いありません。それを高いか安いかの判断をするのは、あくまで購入者です。

04 「住宅ローン」の仕組みと気になる「金利」のタイプを教えます！

難解度

「住宅ローン」を決定する前に知っておいて欲しいこと

ここまで、中古住宅を購入してリノベーションをする際、「何に」「どのくらいのお金が必要になるのか」を確認してきました。

ここからは、皆さんの関心が非常に高い「住宅ローン」についてお話ししましょう。

新築住宅に比べて、中古住宅は「割安」と言っても、住宅購入となれば、数百万〜数千万円の高い買い物になることには変わりはありません。現金一括で支払える方はほんのひと握り。ゆえにほとんどの方が住宅ローンを利用することになるはずです。

マイホーム購入と〝切っても切れない〟関係にある住宅ローン。支払金額が大きく、支払期間も数年〜30年以上と長期にわたりますので、住宅ローン選びは「人生設計の大切な一部だ」と言えそうですね。

ところで、住宅ローンの決定に際して、じつに4割以上が「住宅・販売事業者から もっとも影響を受けている」というデータがあります（住宅金融支援機構『平成24年度民間住宅ローン利用者の実態調査』）。たしかに住宅・販売事業者の営業マンは、住宅購入のパートナーですし、彼らから有益な情報が数多く得られるでしょう。面倒な手続きも軽減されるので、手間と時間の削減というメリットを享受できます。

ただし、ほかと比較検討せずに、彼らが薦める住宅ローンを〝盲目的〟に信じてしまうのはNGです。多くの住宅・販売会社が、いくつかの民間金融機関と提携していますから、どうしてもそれらを中心に紹介する傾向にあります。

でも……住宅ローンは、ほかにもたくさんあるのです。

一見、複雑に見える住宅ローンですが、それぞれの特徴と選択する際のチェックポイントを押さえておけば、それほど難しくはありません。

「住宅ローンには、どのような種類があるのか」「金利に関しては、どのように考えれば良いのか」「返済方法に違いはあるのか」――そして、もっともメジャーな『フラット35』に関しても、ひととおり理解しておきましょう。

基本的には「民間」「公的」の2種類に集約される

住宅ローンには数多くの商品がありますが、基本的には、民間ローンと公的ローンに集約されます。

民間ローンでは、民間金融機関が融資する「銀行ローン」、住宅金融支援機構と民間の金融機関が提携して提供している『フラット35』が中心となりますね。

そのほか、生命保険会社やノンバンクなどが提供している住宅ローンもあります。

公的ローンでは、企業や住宅金融支援機構などの公的機関による「財形住宅融資」、各自治体ごとで制度が異なる「自治体融資」などがあります。

◎民間金融機関の住宅ローン……すべての金利の種類に対応し、もっとも種類が多い
◎フラット35……………………住宅金融支援機構と民間の金融機関が提携
◎公的機関の住宅ローン…………財形住宅融資・自治体融資　など

そして、リノベーションをするときに、ぜひ検討して欲しいのが「リフォームロー

ン」です。リフォームローンも住宅ローンと同様、民間金融機関や公的機関によるさまざまなローンが利用可能です。

中古住宅を購入するときにローンを組んで、後々「リフォームをするお金がない」とはならないように、あらかじめリフォームローンも検討しておきたいですね。

金利のタイプと特徴を知ってベストなローンを決定！

住宅ローンを組むときに、皆さんの関心がもっとも高いのが「金利」でしょう。ほんの数％の違いでも、10年以上もの長期間にわたって支払うケースが多いわけですから、トータルの返済額は驚くほど違ってきます。

「少しでも安い金利で借りたい」……これが多くの方の〝ホンネ〟でしょう。

住宅ローンで選べる金利は、以下に挙げる3つのタイプです。

①：変動金利型
②：完全固定金利型
③：固定金利選択型

①の変動金利型とは、半年ごと（毎年4月と10月）に適用金利が見直され、5年ごとに返済額が変動するタイプです。金利は短期プライムレートと連動しており、金利が下がれば返済額も減りますが、金利が上昇すると返済額も増えるリスクがあります。

一方、②の完全固定金利型とは、借入期間中の金利が固定されるタイプ。景気動向による金利変動の影響を受けず、借入時の金利で返済し続けることになります。

③の固定金利選択型とは、たとえば5年・10年というように一定期間に固定金利が適用されるタイプです。固定期間が終了したあと、改めて金利のタイプを選択します。

住宅ローンを決める際には、これら3つの金利のタイプから、いったいどれを選んだら良いのかがわからずに、頭を悩ませるかもしれませんね。

変動型、固定型、それぞれにメリットとデメリットがあります。

「頭金はどれだけ用意できるのか」「借入期間はどの程度になるのか」「繰上返済を利用するのか」――そして「金利変動リスクに対応できるのか」など。

このように、単純に金利の高い・安いで決めるのではなく、将来設計を考慮に入れて選択することが肝要です。

金利のタイプ別による返済額の推移

住宅ローンで選べる金利は3種類

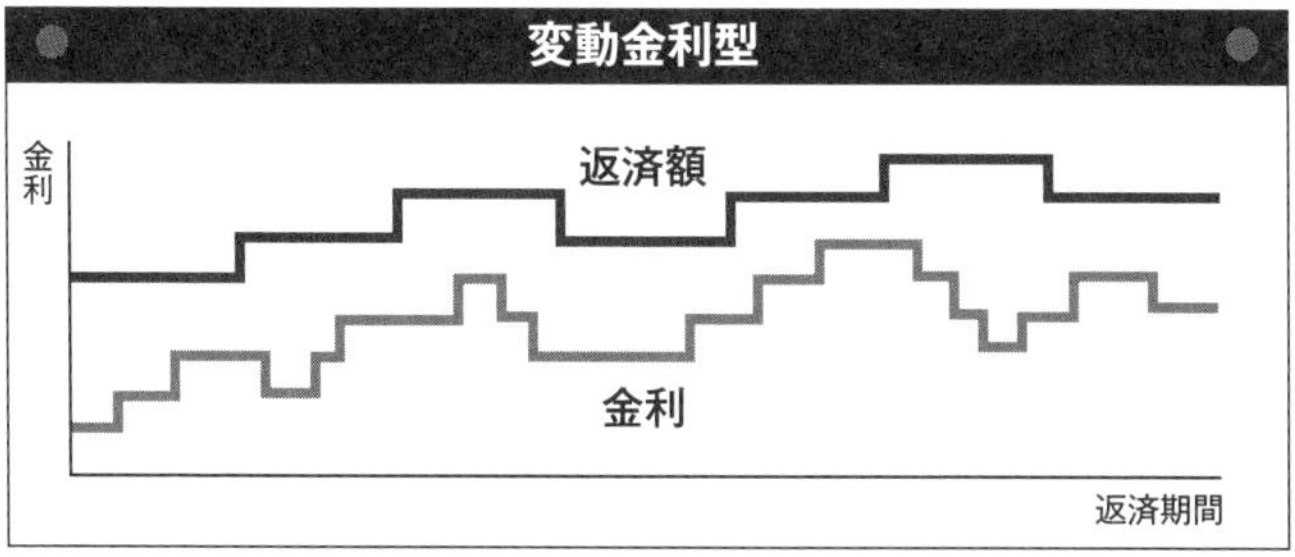

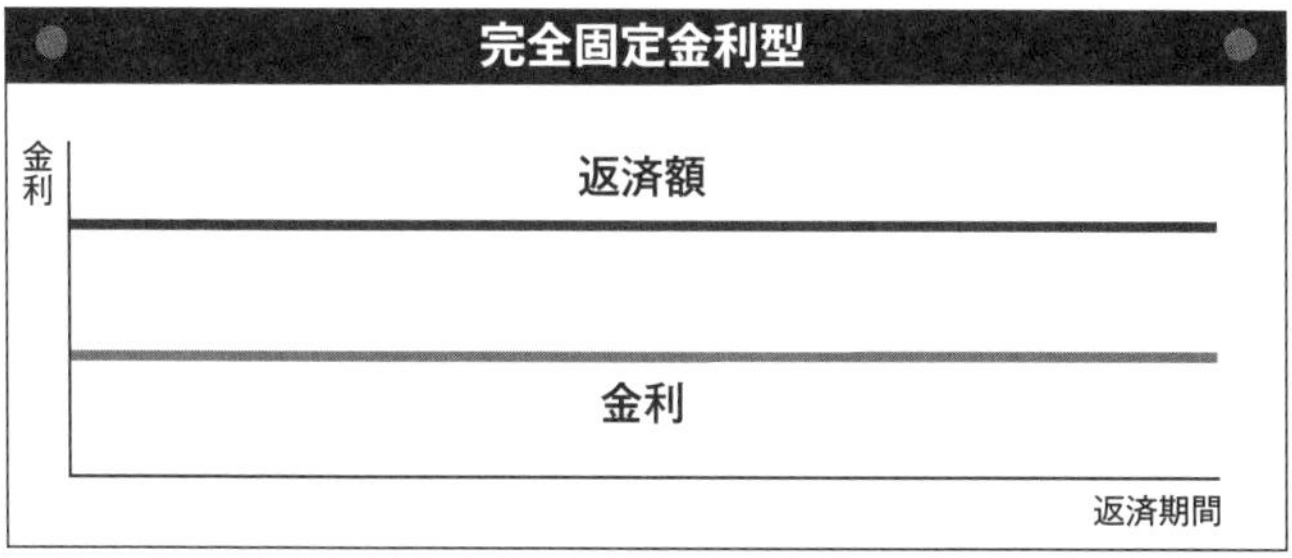

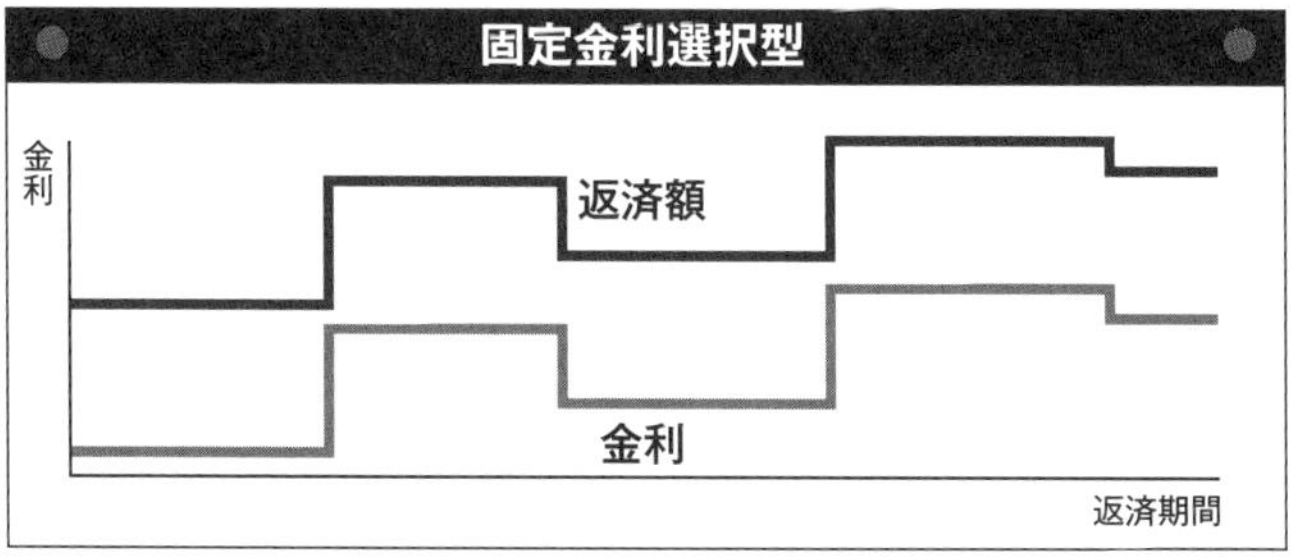

繰上返済の利便性もローン決定の大切なポイント

住宅ローンを選ぶ際に、繰上返済の利便性もチェックしてください。

繰上返済とは、月々の決められた返済額に加えて、ローンの一部を繰り上げて返済することです。繰上返済を実行することでローン残高が減少し、元金にかかる金利が減るので、トータルの返済総額が少なくなります。

なお、繰上返済は、各金融機関が取り扱う住宅ローンによって、利用できる条件が異なります。特にチェックしておきたいのは「手数料」と「最低返済額」です。

手数料に関しては、住宅ローンごとにさまざまです。無料のケースもあれば、5万円程度かかる場合も。なかには、繰上返済の実行時期によって異なる場合もあります。

最低返済額も同様です。多くは1万円程度ですが、1円から始められるケースもあります。また『フラット35』では、繰上返済する際の手数料は無料ですが、100万円が最低返済額となります。

このほかにも、手続きの利便性なども確認しておきましょう。繰上返済を賢く利用しながら、完済時期を早めたり、一月あたりの返済額を減らしていきましょう。

もっともメジャーな『フラット35』のメリット&デメリット

前述しましたが、公的機関である住宅金融支援機構と民間の金融機関が提携し、提供している住宅ローンが『フラット35』です。

フラット35は、新築住宅だけではなく、中古住宅でも利用可能です。

ただし、建築物が住宅金融支援機構が定める技術基準に達していなければ利用できません。住宅構造や耐震性など、審査の〝ハードル〟があります。

この住宅ローンの魅力は、長期固定金利タイプの住宅ローンのなかでは、金利がかなり低い点でしょう。また「保証料」や「繰上返済手数料」もかかりませんし、保証人も必要ありません。ほかの銀行ローンと比較しても、数多くのメリットがあるのです。

これから住宅ローンを借りられる方は、『フラット35S』もチェック!

これは、前出のフラット35を申し込んだ方が、省エネルギー性・耐震性などに優れた住宅を取得する場合、金利を一定期間引き下げる制度です（※ただし、予算金額に達する見込みになると受け付けが終了されてしまう）。

省エネルギー性・耐震性などに優れた住宅を取得する予定があるのであれば、この方法は選択肢の1つに加えておくことをオススメします。

さらに、フラット35では『リフォームパック』が登場しました。中古住宅の購入とリフォームに必要な資金を一括で借り入れできる有り難い仕組みです。リノベーションを考えている方には〝朗報〟ですね。

これまでは、フラット35で住宅購入直後に工事を行う場合、その資金を別途で用意しなければなりませんでした。リフォームやリノベーションをする資金が用意できなければ、フラット35を利用する場合、現状のまま、もしくは仕上げのみリフォームされた状態の家に住むしかなかったのです。

ところが、リフォームパックを付けることによって、購入後の工事費用もローンに組み込めるようになりました。

これは、中古住宅や中古マンションには欠かせない費用を捻出する大きなサポートとなりますので、利用しない手はないでしょう。

中古住宅のローン審査はかなり厳しい

道路幅や道路との距離

「セットバック」などの規制がかかる場合、リフォームでその基準がクリアできないといけない

「建ぺい率」や「容積率」

その土地の建ぺい率や容積率に準じたリフォームプランでないと審査は通らない

建物の高さに関する規制

道路斜線などで建物の高さが制限される場合には、これをクリアしなければならない

「不動産登記簿謄本」と異なる増築をしている

登記したあとに工事をしてあったなど、「登記簿」と異なる増築をしている場合には増築登記が必要になる

担保の空き枠

「抵当権」など、物件自体に設定されている担保に空き枠がないと融資の対象にはならない

05 無理のない返済計画が大切「住宅ローン」を借りる際の注意点

難解度

その後の生活に負担のない額にとどめるのが理想

ここまでローンの種類や金利についてお話ししてきましたが、実際に自分がいくらまで借りられるのかを把握し、無理のない返済計画を立てましょう。

一般的に、民間の金融機関では、税込年収に占めるローンの年間総返済額を融資の審査基準としているようです。

その際の返済負担率は、その人の年収によって25〜35％としている金融機関が多いと聞きます。また『フラット35』では、年収が４００万円未満の場合は30％、４００万円以上７００万円未満だと35％までとされているようです。

ただし、これは「自動車ローン」のように他社からの借り入れがない場合の話。そのため、より正確な年間返済額の上限を算出するためには、以下の計算式で算出します。

年間返済額の上限＝税込年収×返済負担率 ― 他社のローンの年間返済額

他社のローンがなかったとして、年収500万円の方がフラット35を利用した場合における年間返済額の上限は175万円。

これは、ローン総額ではなく、1年間の返済額である点は要注意です。つまり、返済期間を短くすればするほど、1年あたりの返済額は大きくなります。わかりにくくなるので金利に関しては考えずに例を挙げましょう。

たとえば、4000万円の住宅ローンを組んだとします。10年ローンだと1年間あたりの返済額は400万円。年収500万円の方の年間返済額の上限は175万円なので審査は通りません。これを30年ローンにしたら……年間の返済額は約133万円ですから基準以下となり審査は通ります。要は、返済年数が長ければ長いほど、ローンの上限は上げられるということです。

ただし、これには年齢的な〝制約〟があるので、詳細は金融機関の窓口で確認を！

無理のないローン生活が送れる目安は20％台ですね。返済負担率を25％で考えるとそのあとの生活が苦しくなることもないようです。

06 より多く貯めておきたい 頭金を用意してローン返済を減らす

難解度

月収の1〜2割をコツコツ貯蓄することから始めてみよう

「ローンを組んで発生する金利はできるだけ減らしたい！」

そこで〝カギ〟となるのが……頭金の存在です。

できるだけ多くの頭金を貯めておいて、現金で支払いたいものですね。

先の『フラット35』は、２０１４年度から「物件価格の１００％まで借りられる」など、頭金ナシでも購入できるケースもあります。ただ、通常、住宅ローンは「物件価格の80〜90％が上限」です。残り10〜20％を頭金として現金で支払います。

３０００万円の物件であれば、最低でも３００万円の頭金が必要になります。

したがって、マイホーム購入を考えたら、毎月、貯蓄に回せそうな額から頭金の目標額を算出します。おおよそ月収の１〜２割を目安としましょう。

意外に効果があるのは、保険料の見直しです。私自身、保険を見直したことで、年間の保険料を半額に抑えることができました。一部保険を解約したことで『解約返戻金』が数十万円も入ったのです。

このように、どんな支出があるのかを再チェックすることで、頭金を用意することも考えてみてください。

最近では、頭金ナシのローンというものも増えています。

これまで日本の家族は、親夫婦と子ども夫婦、そしてその子どもたちといった2～3世代の家族が同居をしていたために、生活費など共有する部分も多く、新しい住まいの頭金も貯めやすかったのです。共同名義であれば、親が用意してくれることもよく聞いた話でした。……今の時代はそうもいきません！

核家族化が進み、頭金を思うように貯められないケースも多々あります。

そうした背景から、頭金ナシのローンも増えているようです。

ただし、それだけ金利もかかってくるわけですから、借り入れる金額には注意しなくてはいけません。頭金ナシでのローンを組む場合、より注意深く、より現実的な返済計画を立てるべきです。

07 銀行のローンが組めない!? 追加の工事が発生……どうする？

難解度

ローンの「審査」は主として2つの基準で判断されるらしい

金融機関から住宅ローンを借りる場合、事前に「審査」があります。借りる方の勤務実績や年収、カードや別のローンの借り入れ状況などから〝総合的〟に判断されるようなのですが、その内容は非公開となっています。

審査の内容は非公開ですが、主に家の「担保価値」と、人の「返済能力」が審査の基準になると聞きます。

◎「担保価値」↓ワケあり物件の場合、価値が低いと見なされることが多い

◎「返済能力」↓直近3年の収入額で見られ、転職したばかりでは不利になることも

やっと見つけた理想の物件にたくさんのライバルがひしめいているときは、「より多くの現金で支払える」「住宅ローンがスムーズに組める」ことが有利になります。

「ノンバンクの住宅ローン」もアリですが……金利は高い！

私たちが購入した家は、銀行等での住宅ローンがいっさい組めませんでした。建ぺい率が現在の基準値をはるかにオーバーしていたからです。

通常、日本の家は、建築物の敷地・設備・構造・用途の基準を定めた「建築基準法」に沿って建てられています。

これは、昭和25年に制定されてから、その後何度も改正されています。そのため、昔の基準には合っていても、今の基準にはあてはまらない家も多々あります。

こうした物件は「担保価値が低い」と見なされます。「既存不適格物件」「違反建築物件」に該当し、銀行等でお金を貸してもらえないケースが多いですね。

ローンが組めなければ、家は買えない……。

そこで、相談した不動産会社とリフォーム業者の双方からアドバイスをしてもらったのが、銀行等の住宅ローンよりも金利は高いが融通が利く「ノンバンクの住宅ローン」の存在でした。これならば、たとえワケあり物件でも、収入が不安定な自営業者や外国人・信用面で住宅ローンが借りられない人なども融資を受けることができます。

ただし、ノンバンクの住宅ローンは、銀行ローンと比べて最高金利が高い傾向にありますので、金利面でのデメリットはお忘れなく！

壊してビックリ仰天！ 追加の工事費用は誰が負担？

事前にいくら耐震や建物の診断を念入りにしていても、実際に工事をしてみて初めてわかることもあります。いわゆる「隠れた瑕疵」と呼ばれるもの。目に見えない隠れた場所での問題には、追加の工事費用がかかるので注意してください。

こうしたケースは、慣れている業者であれば、おおよその想定をしているはずです。ただし、事前の現地調査では見つからないこともあるので、業者とよく話をして、前述したようなケースがある場合とない場合の見積りを用意してもらいましょう。

私たちの場合、壊してビックリしたのがお風呂場です。古い浴槽を取りはずしたら、周りを支えていた木の大部分が腐食していました。それを大工さんが手作業で新しい木に取り替えると同時に耐震補強を行うため、1本毎に金具などを取り付けていきます。

そうこうしているうちに、1週間の遅れが発生……。「何とか予定日までに！」と頼み込むと2人の大工さんが助っ人にきてくれて、どうにか予定日に間に合いました。

通常ならば、「耐震補強にかかった金具等の材料費」「大工さん2人分の追加の作業費」などを請求されても仕方がないですよね。

一部の施工業者によっては、「追加料金はかからない」というところもあります。往々にして、こうしたケースでは、最初の見積りに乗せられていることが多いようです。費用を見積りに含ませるのは、いわば施工業者の保険のようなもの。実際に想定外のことは中古物件では「必ず」と言っていいほど発生します。むしろ、そうした保険的要素をあらかじめ見積り価格に含ませているほうが安心なのです。

ただし、何事もなければそのまま業者の利益となって〝ムダ金〟にならないとも限りません。見積りをもらった時点で、追加が発生したときとしなかったときの金額の増減も確認すると、より綿密な実行予算がわかるのではないでしょうか。

08 意外に知らない方が多い!? 自治体から給付される「助成金」

難解度

ただし、地域によって条件や金額等が異なる

リノベーションをするときに規定の条件等を満たすと、自治体から耐震補強工事の「助成金」がもらえます。

ただし、これは自己申請をしない限りは給付されません。

気になる給付額は……各自治体によって異なります。

私のセミナー受講生で新宿区にお住まいの方は「160万円も出た！」と喜んでいました。そのまま工事費用として使えますので、リノベーションをしたい方は大いに助かることでしょう。

耐震補強工事における助成金それ自体は国の制度ですが、自治体が主体となって運営しているので、対象となる建物や金額などは地域によって異なります。詳細は、お住ま

いの市区町村の役所やリノベーション業者に問い合わせてください。
ちなみに、我が家がある地域では、ほんの数万円しか助成金が出ないことがわかりました。その事実をリノベーション業者に相談したところ、申請に必要な書類を作成するために手間も費用も要し、恩恵も少ないため申請しないことになりました。

前出の助成金のほかにも、太陽光パネルを設置するなど、省エネにつながる工事をした場合に助成金が支給される制度もあるようです。

現在はすでに終了していますが、私たちがリノベーションをした当時には、「住宅エコポイント」という制度がありました。条件に該当する住宅を購入した場合やリノベーションの工事を行った際に、金額に応じてポイントが付加され、そのポイント数に応じてカタログから欲しいモノを選んだり、工事費に換算して割り引いたりすることができたのです。事実、私たちもこの制度を有効活用して、約17万円分の家電製品や商品券に交換してもらいました。
今後、増税の影響で、住宅販売や工事件数の落ち込みが続けば、住宅エコポイントのような制度が〝復活〟する可能性があります。お得な制度は見逃さないように！

じつは……「介護保険」からも上限20万円の補助金が出ます

「老後も住み慣れた自宅で暮らしたい」と考えている方は多いでしょう。

たとえば、つまずいて転倒しないように部屋の段差をなくしたり、通路に手すりを設けたり、トイレを和式から足腰への負担が少ない洋式に替えたりする……など。

こうした工事には「介護保険」から補助金が出ます。上限は20万円。1割が自己負担になるため、仮に20万円かかる工事を行った場合は2万円が自己負担です。複数回に分けて、上限まで利用できます。

そもそも介護保険は、「要支援1～2」「要介護1～5」に認定された方のみが利用できるものです。ゆえに認定を受けていない方は、まずは、市区町村の役所に要介護認定の申請をしましょう。

どんな工事をするのかも重要です。住む人の〝心身の状態〟を踏まえた適切な内容でないと使い勝手が悪くなってしまったり、かえって身体機能の低下につながったりする場合も十分にあり得ます。介護の問題を抱えている方は、お住まいの地域のケアマネジャーなど、介護の専門スタッフに相談してみましょう。

第5章

中古住宅購入における税金の仕組みとお得な制度

01 中古住宅に課される税金①「消費税」と優遇制度

難解度

増税後の購入でもあわてることはありません！

２０１４年４月１日から「消費税」が増税されました。現在は８％ですが、今後は10％へと段階的に引き上がる見通しです。

とはいえ、「増税前に家を買わねば……」と短絡的に考えないでください。「中古住宅には消費税が課されないケースもある」「優遇制度がスタートする」といった場合があるからです。

【①：中古住宅には消費税が課されないケースもある】

意外と知られていませんが、中古住宅には消費税が課されないケースもあります。

そもそも消費税とは「事業者」が提供するモノやサービスを買ったり消費したりする

ときに課される税金のこと。住宅の購入も例外ではありません。

したがって、家の持ち主（＝売り主）の提供元が「個人」である中古住宅や土地の場合においては、消費税の対象外となります。

中古住宅の場合は、一戸建てであれ、マンションであれ、持ち主が個人の場合が多いので、消費税が課されない可能性が高いでしょう。消費税が８％となった今、またこれから10％になることを踏まえれば、決して無視できない情報ですよね。

なお、「法人」が所有者の場合は、課税対象となります。物件を選ぶ際には必ず確認するようにしてください。

【②：増税後に優遇制度がスタート】

後述しますが、『住宅ローン控除（減税）』（１５８ページ参照）が拡充され、「すまい給付金」という新制度も始まります。

これは住宅取得の際、消費税率が８％、または10％が適用された場合、条件に該当する方に最大で税率８％時は30万円、税率10％時は50万円が「給付金」として交付される制度のことです。ゆえに増税したからといって、むやみにあわてることも恐れることもありません。注目すべきは、新築住宅だけでなく、「中古住宅も対象になる」ことです。ただし、中古住宅に限っては「売り主が宅地建物取引業者であること」という条件が付いてきます。つまり、消費税が課される場合のみ、給付対象となるのです。また対象となる住宅は「投資目的」ではなく、「自ら居住する」ことも条件。そのうえ、床面積が50㎡以上の広さでなくてはならず、住宅の品質が確認されていなければなりません。

注意！リノベーション工事には「消費税」が課されます

残念ながら……リノベーションの工事費用には消費税が課されます。そのため、「増税後のほうが不利だ」と言えるかもしれません。

もう1つ重要なことは、以下のいずれのタイミングで適用されるかで変わってきます。

◎何日までに「契約」しているか？

◎何日までに「引き渡しが完了」しているか？

過去の話になってしまいましたが、消費税8％を免れるためには、２０１３年9月30日までに契約を済ませれば、５％（＝増税前）の消費税率が適用されました。または引き渡しが２０１４年の3月31日までに終われば、５％が適用されたのです。

「契約が間に合わなかったから、引き渡しを間に合わせよう」と考えても、実際にはプランを練るにも、工事に必要な資材や職人さんの手配にも時間がかかるため、間に合わない可能性もあります。

今後、10％に増税されるタイミングでも同様の措置が取られると考えられますので、「契約時か引き渡し時のタイミングが大事である」と覚えておきましょう。

02 中古住宅に課される税金②

「印紙税」「登録免許税」「不動産取得税」

難解度

「印紙税」は契約ごとに課される税金です

不動産を購入すると契約時に「印紙税」が課されます。

これは、法律で決められた文書を作成したときに生じる税金です。

我が家の場合、価値0円の木造一戸建てと土地を2070万円で購入しています。そこに1180万円でリノベーションをしたところ、印紙税は合計5万5000円が課されました。以下はその際の内訳です。

◎土地(古家付き)の売買契約書　↓　1万5000円
◎ローンの契約書　↓　2万円
◎リノベーション工事の契約書　↓　2万円

すでにお気づきかと思いますが、印紙税は契約ごとに課されます。

たとえば、中古住宅を購入して、リノベーションをする場合、複数の契約書を作成することになりますので、その契約書の数だけ印紙税が課されるのです。

さらに、契約金額に応じても変わってきます。

国税庁の『印紙税額一覧』によると、契約金額が以下の場合には、それぞれの印紙税額も異なってくるのです。以下は基本税額の一例です。

◎1000万円超～5000万円以下　→　2万円
◎5000万円超～1億円以下　→　6万円
（※軽減措置アリ）

なお、印紙税の納付は、作成した契約書に収入印紙を貼り、印鑑で消印することで納めたことになります。

ここで1つ重要なことをお伝えしますので、必ず覚えておいてください！

もしも印紙税を納付しなかった場合、3倍の額の「過怠《かたい》税」が徴収されます。印紙に消印しない場合でも、同額分の過怠税が徴収されます。必ず忘れずに所定の印紙を貼って消印を押してください。

たいていの場合、印紙は不動産会社が用意しますが、契約時に現金で費用を用意する必要があるか否かは確認しておくべきです。

「登録免許税」と「司法書士への報酬」は事前に用意する

中古住宅を購入すると、土地と家の所有者が変わりますよね。このとき、「誰が」「何を所有しているか」が載っている〝台帳〟を更新する必要があります。

これが「登記」と呼ばれるものです。またその際に「登録免許税」という税金が課されます。登録免許税の税率は、登記の種類によって定められており、税額は「固定資産税評価額」に税率を乗じて算出されます。つまり、固定資産税評価額が低ければ低いほど、登録免許税は安くなるわけです。

たとえば、売買価格が3000万円のマンションで、土地の固定資産税の評価額が1000万円、建物の評価額が800万円、借入が2400万円のケースで考えます。

◎土地の登録免許税　：1000万円×税率1・5％＝15万円
◎建物の登録免許税　：800万円×税率1・5％＝12万円
◎抵当権設定登記の登録免許税　：2400万円×税率0・4％＝9万6000円
↓土地・建物・抵当権設定登記の登録免許税：36万6000円※
※平成26年度現在の所有権の移転の場合における税率で計算

通常、登記の手続きは不動産会社が手配した司法書士に依頼します。そのため、登録免許税とは別に「司法書士への報酬」も必要です。登録免許税と司法書士への報酬を合わせた金額（40～50万円程度）は事前に用意しておきましょう。

望まれぬ突然の〝訪問客〟……「不動産取得税」とは？

引っ越しして数カ月後……ようやく生活も落ち着いてホッとしている頃にやってくるのが「不動産取得税」という税金です。

これは、土地や家屋を取得した方に課される税金で、購入後に一度だけ支払う義務があります。家屋を新しく建てる・建て替える・増築する場合も同様です。

一度に数万～数十万円を現金で支払うことになりますので、それを見越してある程度の現金を準備しておかなくてはなりません。

なお、税額は固定資産税評価額に応じて変動するため、評価が低い中古一戸建ては安くなります。以下の計算式で算出されます。

不動産取得税額＝（固定資産税評価額－控除額）×3％（※平成26年度現在）

ただし、取得した不動産の価格が以下に列挙した金額に満たないときは、軽減されることもあるのですが、このような価格で売買されるケースは、まずありません。

◎土地を取得したとき……………………10万円
◎家屋を建築（新築・増築・改築）により取得したとき……23万円
◎家屋を売買・贈与・交換などにより取得したとき……12万円

中古住宅を購入した場合でも軽減されることがあるので、ぜひ押さえておきたい情報ですが……以下の条件を満たしていなければなりませんので注意してください。

◎取得者自身が居住すること
◎住宅部分(居住用の附属屋を含む)の床面積が50㎡以上240㎡以下
◎次のいずれかの要件を満たす場合
　A：木造・軽量鉄骨造……築20年以内
　　非木造……………築25年以内
　B：昭和57年1月1日以後に新築されたもの
　C：取得日の前2年以内に建築士等が行う耐震診断によって、新耐震基準に適合していることが証明されているもの

03 中古住宅に課される税金③「固定資産税」「都市計画税」

難解度

毎年支払う「固定資産税」……その税額の決め方は？

家を購入したら毎年支払うのが、土地と家にそれぞれ課される「固定資産税」です。「住宅ローン」は完済すれば支払いは終わりますが、固定資産税は家や土地を所有している限りは支払いが〝永遠〟に続くもの。

さらに、固定資産税は、前述した不動産取得税や登録免許税などを決めるベースとなるので、低ければ低いほど、これらの税金も安くなります。

なお、これは「地方税」の1つです。税率を始め、資産評価やその立会などは各自治体が行っています。それを念頭に置いて、各金額などを参考にしてください。

ところで、どのようにして税額は決まるのでしょうか。

結論を述べれば、建物の構造・地価・広さ・新しさなど、さまざまな要素が複合的に判断され、そのうえで税額が決まるようです。

通常は、一戸建てよりもマンションのほうが高く、中古よりも新築のほうが高く、広ければ広いほど高く、地価が高いほど高くなります。

そして、毎年1月1日時点で、市区町村の「固定資産税課税台帳」に登録されている固定資産税評価額に1・4％（※全国一律ではない）をかけた額が6月頃に請求され、同封している振り込み用紙を使って振り込むか、銀行引き落としで支払います。

ちなみに、4回の分割払いも可能です。

ケース別で検証！そこには信じがたい事実がありました

いったい、皆さん、どれくらいの固定資産税を支払っているのでしょうか。

税額が20万円を超えることもあり、それなりの出費となるため気になるところ。

先回りして担当の営業マンに税額を調べてもらい、固定資産税額を見てから住宅の購入を検討する方もいると聞いたことがあります。

前述したように、固定資産税はさまざまな要因で支払う税額が違ってきます。

どれくらい違うのか……ケース別でちょっと考えてみましょう。

◎Aさん：新築マンション／駅徒歩1分／100平米　↓35万円
◎Bさん：築40年の団地／駅徒歩20分／60平米　↓3万円
◎Cさん：築40年の中古一戸建て／駅徒歩25分／40平米／再建築不可　↓5000円

すごい差がありますよね。マンションの場合、エントランスや階段など「共用部分」も所有者全員で負担するため、一戸建てよりも割高です。

さらに、再建築した場合を想定して、木造は安く、鉄骨鉄筋コンクリート造など資材の費用が高くなるほど評価額が上がります。また古ければ古いほど安くなります。

たとえば、木造一戸建ての場合、築10年で新築時の約半額になり、築20年でさらにその半額になり、ある一定額までくると下げ止まります。

なお、固定資産税は1月1日時点で所有している方に納税の義務が生じます。

ただし、売買の場合は、それだと不公平感が生じるため、日割り計算をして契約日より前の分を以前の所有者が、契約日よりあとを購入者が支払うことが多いようです。

私たちも、住宅購入年度に前の所有者に現金で支払いましたが、これは厳密に言うと、「固定資産税」ではなく、「取引代金の一部」として支払ったことになります。

何の税金？ 地域によって徴収される「都市計画税」

特定の地域だけに、固定資産税と一緒に請求される「都市計画税」という税金があります。その名のとおり、該当地域の区画を整備するために徴収される税金です。

これは、「都市計画法」による「市街化区域（※東京都23区も該当）」と呼ばれる地域の物件の場合に必要になります。

固定資産税と同じ通知書によって請求され、同封されている振り込み用紙、もしくは銀行引き落としで一緒に納付します。税率を算出する計算式は、以下のとおりです。

都市計画税＝固定資産税評価額×原則0.3％（制限税率）（※平成26年度現在）

04 リノベーションをする際は「固定資産税」にも注意!!

難解度

「固定資産税評価額」を決める2つの評価ポイント

固定資産税の大もととなる「固定資産税評価額」は、「評価替え」のときなどに、自治体へ直談判できるケースもあります。

我が家の場合、メガネを掛けた眼光鋭い中年男性が調査にいらっしゃいました。

「航空写真で見比べると、以前とはまるで違いますよね。建て替えたのでは?」

「建て替えではなく、リノベーションです!」

私たちがいくら説明しても聞く耳持たず。「固定資産税を高くする」と言って帰っていきました。「このままでは税金が高くなる」……。

たしかに建物が新築のようにきれいになれば、価値が上がり、固定資産税も高くなりそうですよね。現状の法律では、たとえリノベーションで〝新築同然〟の状態になったとしても、築年数が古いまま評価されるケースが多いと聞きます。

自治体毎に評価の基準は異なりますが、私が聞いたところによると、評価のポイントは以下に挙げる2つのようです。

【①：「建築確認」の申請】

建物自体の増築や構造などに手を付ける大幅な工事では、行政、または審査機関に「建築確認」という書類を提出して申請する必要があります。

しかし、構造や大きさを変えないならば、申請は不要です。

たとえば、システムキッチンの交換やフローリングの張り替え・外壁の再塗装などが該当します。その範囲であれば、固定資産税は高くなりません。

【②：修繕なのか改修なのか】

修繕とは、壊れたモノを直すこと。改修とは、より良い形に直すことを指します。

この線引きは、非常にあいまいです。にもかかわらず、改修だと固定資産税が高くなる傾向にあります。何だか腑に落ちないですよね。

私たちも不動産会社の渡部純一さん（仮名：45歳）と主人の3人で抗議に行きました。2人の力強い説得と粘り強い交渉のおかげで、私たちの主張は認められました。それどころか、一部、玄関回りを減築したため固定資産税が減額されたのです。

このように、評価に対して納得できない場合、安易な妥協は不要。リノベーションをした際には起こり得る問題ですので、覚えておいてくださいね。

絶対に忘れない！減額の申告は工事後3カ月以内

耐震工事やバリアフリーのための改修工事をした場合、申告書を提出すると固定資産税が減額される制度があります。

我が家も耐震補強を行いましたが、そんな制度があるとはつゆ知らず。工事が完了して数カ月後、あわてて都税事務所に問い合わせました。

しかし、〝期限切れ〟ということで、どうにもならずに悔しさだけが残ることに……。

申告書は、工事後3カ月以内に提出しなければならず、それを過ぎると減額が受けられないことがあるようです。

リノベーションの工事が進むと、打ち合わせも増え、あわただしくなります。終わったあとも引っ越しやそれに伴う手続きに忙殺され、お得な制度を見落としがちです。忘れないようにリストなどを作成しておくことをオススメします。

リノベーション業者によっては、税金の相談まで対応してくれるところもあれば、そうでないところもあります。最寄りの税務署や税理士等の専門家に相談することも検討しましょう。公益財団法人の『住宅リフォーム・紛争処理支援センター』のホームページにも減税制度に関して詳しく書かれていますので参照してみてください。

チラシや広告等で見る床面積表記を理解しておこう

さまざまな控除や減税制度を有効活用したいところですが、そこには細かい条件があります。よくある条件の1つが、「登記簿面積が50㎡以上」という項目です。

50㎡というと、だいたい15坪・30畳の広さ。50㎡以上を境に受けられる税制上の優遇制度には、『住宅ローン控除（減税）』のほかに、不動産取得税や固定資産税も50㎡以上で適用される〝優遇措置〟があります。

注意したいのは、マンションの場合です。床面積表記には、以下に列挙した2つが使われています。それぞれをざっくり説明しましょう。

①：壁芯（かべしん）
②：内法（うちのり）

①の壁芯とは、壁のちょうど真ん中部分を通る線のこと。②の内法とは、表面部分、つまり仕上げ面から仕上げ面までの寸法を指します。

この表記を理解していないと、有効面積の算出時に間違いが起こりかねないので、面倒でもきちんと理解しておいてください。

税金の軽減措置だけでなく、ローンを組むときにも、内法ベースの場合と壁芯ベースの場合では、評価が分かれることもありますので注意です。

たとえば、チラシや広告・図面で「専有面積51㎡」と書いてあるときは、壁の中心線を基準として測った壁芯による広さです。登記簿面積は、それよりも狭くなる壁の内側の面積である内法による面積で表示されます。

少々わかりにくいので解説しておきましょう。

壁の厚さが20㎝だったとします。まずは、壁芯面積で考えます。すると実際には住めない、壁10㎝分の厚さまでは専有面積として加算されます。

さらに、水道配管などを通しているパイプスペース（ＰＳ）といったところまで専有面積として含まれます。そのため、まったく同じ専有面積のマンションがあったとしても、こうした施設のスペースによっては、実際の居住面積に差が出てくるのです。

対して内法面積とは、住戸のコンクリート壁の内側を囲んだ面積です。パイプスペースなどは含まれません。そのため、壁芯面積と内法面積では間違いなく数値に〝差〟が出ます。物件によって多少の幅はありますが、だいたい５～６％程度といったところが標準的でしょう。当然、内法面積のほうが狭くなってきます。

一般的に、広告で記載されている専有面積は、ほとんどが壁芯面積。少しでも広く見せたい業者の智恵なのでしょうが、登記する面積は内法面積です。ゆえに契約時に登記上の面積を見て、初めて広さの違いに気づくことも。表記の使い分けが認められてしまっている以上は仕方がないことではありますが……。

ちなみに、一戸建ての場合は、壁芯ベースで統一されています。

05 払ったお金が戻ってくる!? 『住宅ローン控除（減税）』制度とは？

難解度 💡💡

毎年末の住宅ローン残高の1％が所得税などから控除

住宅ローンを利用して住宅を購入する場合、払ったお金の一部が控除される『住宅ローン控除（減税）』（※正式名称は『住宅借入金等特別控除』）という有り難い制度があります。先ほどからチラホラと出てきていますよね。

これは10年間にわたり、毎年末の住宅ローン残高の1％が、所得税などから控除される制度です。1年間で控除できる限度額は20万円でしたが、2014年4月から、10年間の最大控除額が【200万円→400万円】に倍増されました。

「ふ～ん、そうなんだ……どうもピンとこないなぁ」

「で、どれくらいお得なの？」

そんな方たちのために説明しましょう。

働いている皆さんは、所得に応じて所得税や住民税を納めていますよね。自分がいったいいくら納めているかは通知書を確認してください。

たとえば、サラリーマンのAさんは、今年は25万円の所得税と住民税を納め、Aさんのその年の年末のローン残高は２０００万円とします。

このときAさんの控除額は、控除率１%をローン残高にかけた20万円に。この20万円が控除されるのが、住宅ローン控除（減税）という制度なのです。

なお、住宅ローン控除（減税）は、２０１４年4月からは限度額が倍増されました。ローン残高が４０００万円の方は40万円まで控除を受けることができるのです。

ただし、この制度は、支払っている所得税などから税金を控除する仕組みなので、収入が少なくなると、その〝恩恵〟も比例して少なくなります。また築年数が20年（耐火建築物は25年）を超える住宅は、適用外になってしまうなどの細かい条件があります。

中古住宅を購入予定の方は、控除条件もしっかりと確認しておくことが肝要です。

専門家もうっかり見落とした思わぬ〝落とし穴〟

住宅ローン控除（減税）は、入居した年の収入に関しての申告を行う際、つまり翌年の確定申告時に税務署に必要書類を提出しなくてはいけません。

これは自営業者だけでなく、給与所得者も同様です。

ただし、給与所得者の場合は、2年目からは勤め先にローンの残高証明書を提出することで、年末調整で控除を受けることができます。

もう1つ、知っておいて欲しい重要なことがあります。

それは……我が家が相談した税理士さんも見落とした住宅ローン控除（減税）の思わぬ〝落とし穴〟です。

中古住宅の耐震改修工事を行い、その費用をローンで支払った場合は、「住宅耐震改修特別控除」という名目で、住宅ローン控除（減税）のような優遇措置が受けられます。

バリアフリー工事を含む場合や省エネ改修工事を含む場合も同様です。

いずれも平成29年末まで適用される予定です。

我が家の場合、中古住宅購入の費用に関しては、住宅ローン控除（減税）の適用外でしたが、リノベーションの費用に関しては、前出の住宅耐震改修特別控除が適用されることを後々になって知りました。じつは相談した税理士さんも知らなかったのです！

ただし、確定申告や年末調整をした数カ月後に気づいて、書類を訂正する「修正申告」を行えば認められます。実際に私たちも修正申告をして減税額の数万円を取り戻すことができました。


なお、優遇措置の適用を受けるためには、条件を満たしていることを証明する必要があります。ここは注意してください！

一般的に、建築士事務所登録をしている事務所に所属する建築士が、適用の対象となる工事や住宅等であることを確認して、工事完了後に所定の証明書を発行する仕組みとなっています。

申請の流れや適用される条件等に関しては、リノベーション業者に事前に確認しておくことが肝要です。なかには、あまり詳しくない業者もいます。そのときは、税理士、もしくは税務署に直接問い合わせてください。

第6章

万が一に備えて加入を！
保険の種類と気になる補償内容

01 ローンを組んだ方も安心！『団体信用生命保険』のメリット

難解度

万が一の事態が起こっても家族に迷惑はかからない

住宅ローンであれ、リフォームローンであれ、ローンを組む場合は、金融機関が指定する『団体信用生命保険（以下：団信）』への加入が義務付けられています。『フラット35』のローンを利用すると加入は任意です。

ところで、団信とはいったい何なのか。なぜ、加入する必要があるのか。

この疑問について、まずは、お金を貸す側の立場で考えてみましょう。

◎ローン契約と同時に金融機関が、債務者に「生命保険金」をかける
◎債務者が亡くなると、金融機関は保険会社から「生命保険金」を受け取る
◎「生命保険金」は、ローンの残りにあてられる

ローンの債務者側である私たちからすると、万が一、自分が死んでも「残された大切な家族はローンを背負わなくとも良い」というメリットがあります。団信は、ローンを組んだ方の死亡が確認されると、すぐにローン完済となるからです。

他方、生命保険の保険金でローンの残債を支払おうとすると、当面は自分たちで支払いや手続きをしなければならず、タイムラグが生じます。

「ローン残高と同じくらいの生命保険をすでに別でかけている。団信は不要だ」

こういった考えもあるでしょうが、保険料は団信のほうが断然お得！　住宅ローンを組む方たちをまとめて加入させるため「団体割引」が適用されるからです。また保険料は、ローンの金利から支払われるので、直接保険料を支払う必要はありません。

そうなると……「保険料0円」とも言えますね。

これが「日本で一番保険料が安い」とされる所以です。

実際には、多くの金融機関が「団信の保険料は当行負担」としています。計算方法が未公表なので保険料がいくらくらいかは算出できません。住宅金融支援機構の団信の場合は、ホームページ上で借入金や借入年数などを入力すると保険料が計算できます。

今加入している生命保険が最適か否かを見直してみよう

団信の保険金は、住宅ローン額に値する大きな補償。すでに加入している生命保険を見直す絶好のチャンスです。

我が家でも「死亡保険金」を縮小し、医療補償を手厚くしました。

さらに、保険を解約すると『解約返戻金』と呼ばれるお金が期待できます。かけ金や加入年数などによっては、大きな金額が戻ってくる場合もあるので、リノベーションの頭金などにあてるのも良いでしょう。

ただし、かけ捨ての安い保険などは、解約返戻金がない場合もあります。

通常、保険証券に解約返戻金がいくらなのかが明記されているので確認しましょう。

子どもがたくさんいるなど、扶養家族が多い場合は、たとえ住宅ローンがなくなっても、それだけでは生活していけませんよね。そういった不安を解消するうえでも、これまで生命保険に支払っていたお金を、新たに教育費や生活費を確保するための保険にあてることを、家族で一度検討してみてください。

「人」に対する保険は、家族構成や将来設計などによって、適正なプランはさまざま。

今加入している保険が、自分たちに最適なものなのかどうかが知りたい方は、住宅購入時に加入している保険の担当者などに相談すると良いでしょう。

「途中解約は不可」「保険料の調整もダメ」……団信のデメリット

団信は、ローンを組む方が加入する生命保険ですが、誰でも加入できるわけではなく、以下に挙げる条件や注意事項があります。

【①：健康上に問題がある方は加入できない】

団信は、生命保険の一種。ほかの生命保険と同様に、健康上に何かしらの問題があれば加入できません。ただ、適用基準はほかの生命保険よりはゆるいようです。

とはいえ、団信に加入できなければ、住宅ローンの融資が受けられません。

たとえば、「夫に難病指定がある」といったケースでは、妻名義でローンを組むなどの対策が必要です。持病がある方は事前に金融機関へ相談しておきましょう。

【②：申し込みはローンの契約時の一度限り】

通常、団信に申し込むのは、ローンの契約時の一度だけです。

何年か経って……「やはり心配だから加入したい！」は認められません。一般の保険商品のように、いつでも加入できる自由度はないことを覚えておきましょう。

なお、団信は「途中解約できない」というデメリットがありますが、保障を考えたら加入しておいて損はないはずです。

【③：保険料や保障内容は自分の希望で変更できない】

団信の保険料は〝自動的〟に徴収されます。前述したとおり、私たちが支払うローンの金利から差し引かれる仕組みになっているからです。そのため、保険料の調整や保障内容を自分の希望で変更することはできません。

ただし、住宅金融支援機構の団信の場合は、３大疾病保障（ガン・急性心筋梗塞・脳卒中）の特約を付けたり、夫婦で加入することも可能です。

『団体信用生命保険』の仕組みとお金の流れ

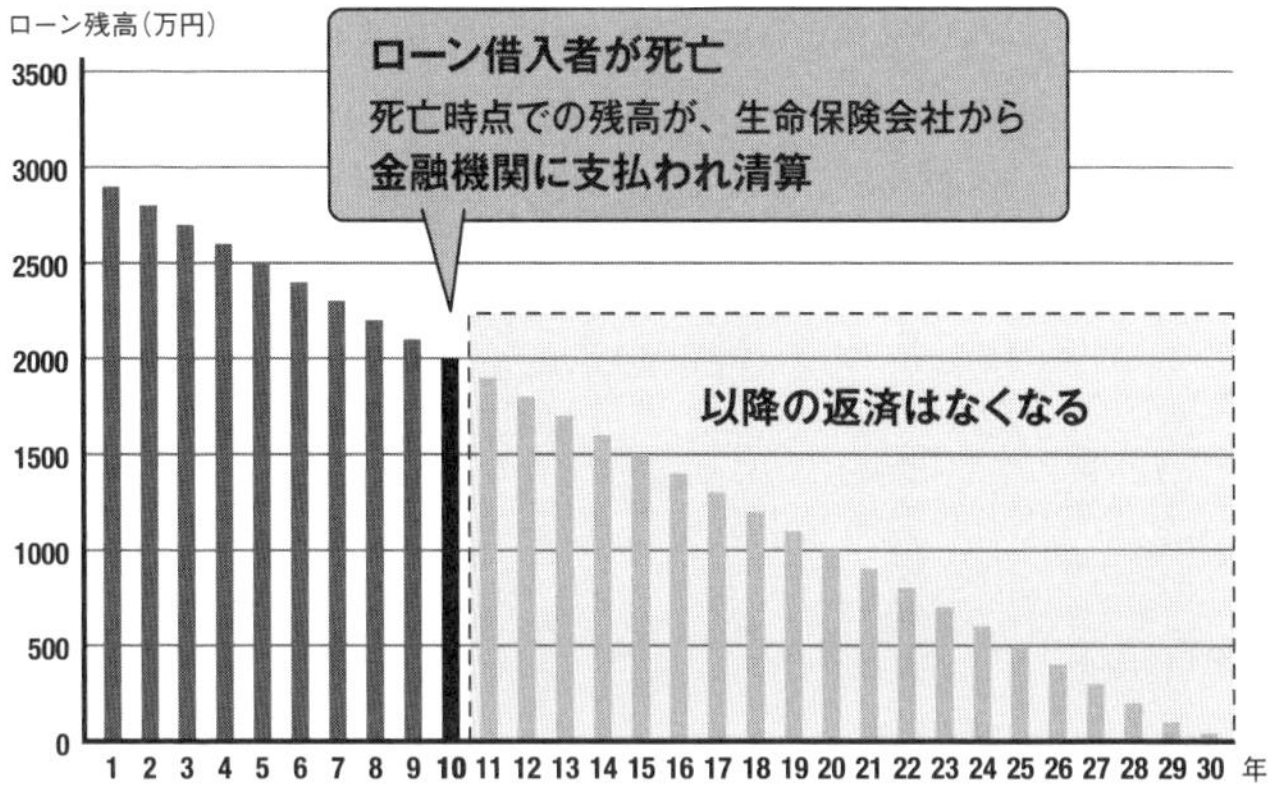

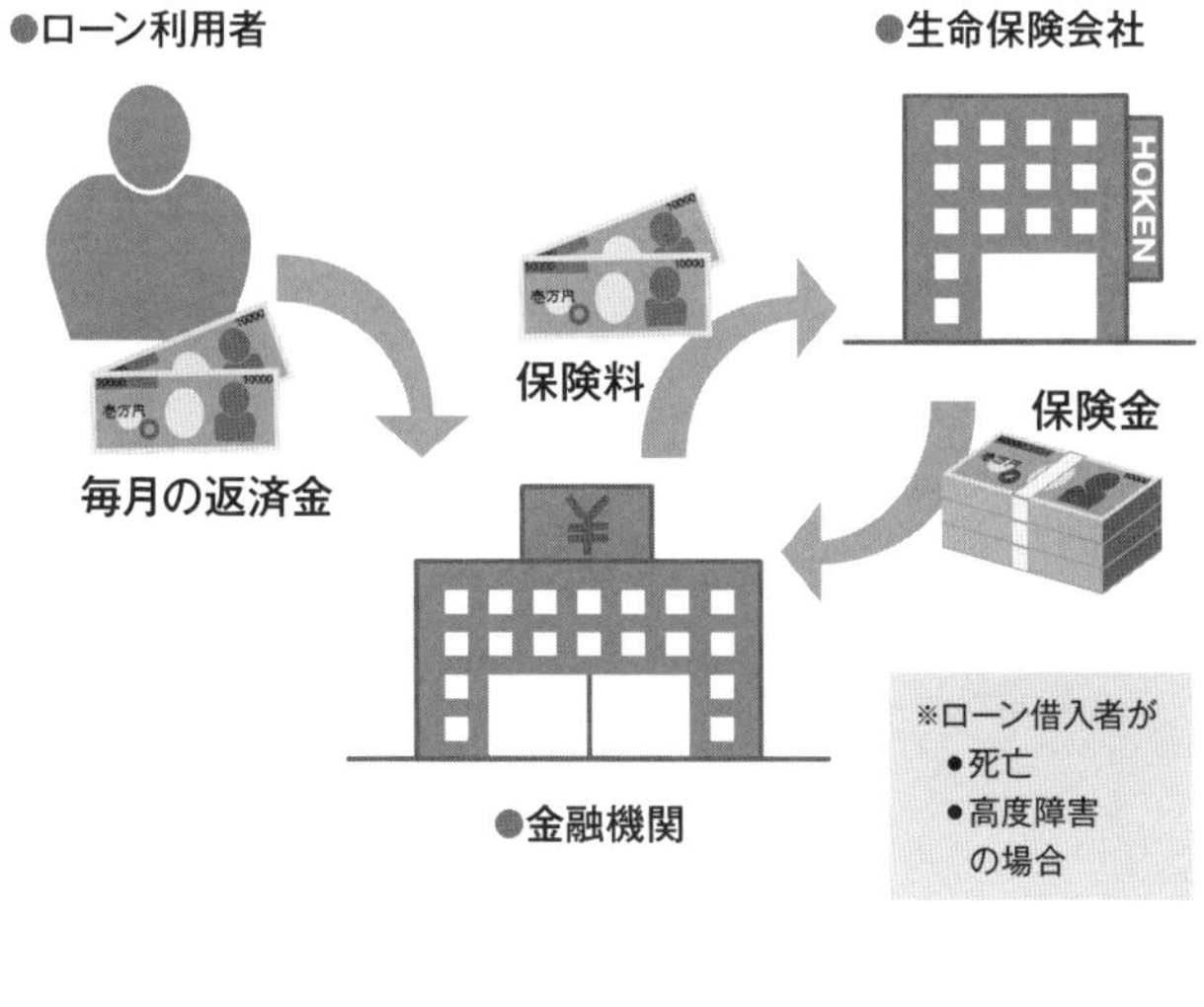

02 中古住宅ならではの補償制度「瑕《か》疵《し》担保責任」「リフォーム瑕疵保険」

難解度

買い主の負担を補償する2つの制度……ご存じですか？

新築住宅の場合、家を建てた業者が10年間の補償をする義務があります。中古住宅の場合にも短期間ですが、「買い主の負担ゼロ」で補償される制度があるのです。以下のように、物件自体と工事に対する補償の2つに分けられます。

【①：物件自体に対する「瑕《か》疵《し》担保責任」】

実際に住んでから建物の雨漏りなどの欠陥に気づいた場合、無償で売り主が修理してくれる制度が「瑕疵担保責任」です。

これは、売買の対象物に隠れた瑕疵（外部から容易に発見できない欠陥）がある場合、売り主が買い主に対して、その責任を負うことを指します。仮に隠れた瑕疵があった場合、買い主は売り主に対して、契約解除や損害賠償の請求を主張することができます。

なお、請求できるのは、買い主が契約時に瑕疵であることを知らなかった場合です。

一般的に、柱や梁といった家の構造部分における欠陥や建物の雨漏りなどは瑕疵に該当します。また民法上、責任を追及できる期間は定められていませんが、「買い主がその事実を知ったときから1年以内に行わなければならない」と決められています。

原則として、「宅建業法」ではこの民法上の規定より買い主に不利となる特約は無効となります。宅地建物取引業者が売り主となる場合には、買い主が瑕疵担保責任を追及できる期間を「引き渡しの日から2年間」とすることが例外として認められています。

そのほかにも条件はありますが、いずれにおいても「購入前（契約時）に家の瑕疵をまったく知らなかった」ことが大前提です。

たとえば、私たちが購入した家のように、買う前から屋根が吹き飛んで雨漏りをしていたり、カビが生えているなどは担保責任の対象外です。事前に売り主から説明があった欠陥も対象外となります。

売り主と買い主が交わす「売買契約書」に、どのような瑕疵が補償されるのかが明記されているので、よく確認しましょう。

ちなみに、我が家の契約書を見返してみたら……以下のような記載がありました。「建物については、某社でリノベーションを行うものとして瑕疵担保責任を負わない」

これでは瑕疵担保責任がないも同然ですよね。

瑕疵担保責任保険の期間も要チェック！　仮に売り主が不動産会社の場合は、「2年間」と設定されています。ただ、中古住宅の売り主は個人の場合が多く、賠償能力にも限りがあるため、実際は「2カ月〜3カ月」と短いケースが多いようです。

【②：工事に対する「リフォーム瑕疵保険」】

家を大幅に改造する場合は、工事に対する保険である「リフォーム瑕疵保険」が頼りになるでしょう。

これは、個人で加入するのではなく、業者側が会社単位で加入します。

補償内容は、工事の検査と補償がセットになっており、住宅専門の保険会社が保険を引き受けるものです。工事中や完成後に、第三者である建築士が現場検査を行います。

欠陥が見つかったら、補修費用などの保険金が業者（業者が倒産した場合などは発注者）に支払われ、無償で直してもらえます。

これから依頼しようと思っている会社が、この保険に加入しているか否かは『住宅瑕疵担保責任保険協会』の「登録事業者等の検索サイト」で検索できます。

業者ごとに過去に何件の保険を適用したのかまで調べることができるので、業者選びの際にも〝一役〟買うことでしょう。

自助努力の限界は業者のサポートサービスで補おう

せっかく苦労して手に入れたマイホームの寿命を延ばすためには、丁寧に使ったり、こまめに掃除や換気をすることは当たり前です。

いくらリノベーションにお金をかけ、立派な保険に入ったところで、住む人が「大切に使おう」という心得と、そのための行動が成されなければ、寿命は縮まるだけ。

家も泣いてしまいます！

逆に、きちんと使えば、たとえ古くとも良い状態を長い間保つことができます。

とはいえ、自助努力にも限界があるのも事実でしょう。そんなときに頼りになるのが、業者のサポートサービスです。

私たちが依頼した業者には、24時間３６５日対応のコールセンターがありました。「雨漏りをした」「雷が落ちた」など、いつでも電話ですぐに相談できるのは安心できますね。また完成後１カ月・３カ月・１年毎にスタッフが巡回点検してくれるサービスも心強かったです。不具合があれば、その場ですぐ修理してもらえます。

我が家は、１年目の点検で最新型のキッチンや浴室の換気扇などのお手入れ方法を教えてもらいました。

悩めるあなたに究極の方法！「住宅性能評価書」付きの家に住む

ここまで読まれても、まだ中古住宅に対する不安が払拭しきれない方は、「住宅性能評価書」付きの家の購入を検討してみてはいかがでしょうか。

これは、国土交通省が定めたもので、住宅の品質確保の促進等に関する法に基づき、平成12年10月に施行されました。この期間に建てられた住宅であれば、「高品質の住宅である可能性が高い」と言えます。

そもそも住宅性能評価書とは、専門家による住宅の〝成績表〟のようなもの。10分野32項目に1～3点の評価が成され、家の状態が数値化されています。

評価書には、「設計」「建設」の2種類があり、両方を取得している物件もあれば、設計だけのケースもあります。

設計では問題がなくとも、そのとおりに建設をしていなければ、欠陥住宅になる可能性は否めません。ゆえに両方の評価書が付いている物件が望ましいですね。

なお、診断は中立の立場である第三者機関が行います。また取得費用は依頼主の負担です。取得するかどうかは売り主の任意なので、すべての物件に住宅性能評価書が付いているわけではありません。

03 中古住宅でも手厚い「火災保険」――。気になる補償内容は？

難解度

金融機関が勧める提携先は割安で加入が可能

家を購入したからといって、地震や火災といった災害から大切な家族はもちろん、住まいを守れるわけではありません。

万が一のときに備えて加入すべきなのは、団信だけではないのです。

ちょっとした火の不始末から、我が家がまさかの全焼……。

自分には関係のない話ではありません！　不審火のようなことだって、この物騒な世のなかでは起きる可能性は十分にあり得るのですから。

火事で家が全焼したら、人生の終わり――。

そんな〝まさか〟の緊急事態に備えて加入するのが「火災保険」です。

保険会社によって、保険金額や保険期間・補償内容が異なるものの、どの火災保険にも含まれている主契約は「火災」「落電」「破裂」「爆発」の4つ。

もし、火災や落電で家が壊滅状態になっても、保険金を受け取って新しく家を建てることができるというわけです。

自分で火災保険を探して選ぶこともできますが、金融機関が勧めてくる提携先の火災保険のほうが安く加入できるようです。

なぜ、金融機関が提携先を紹介してくれるのか。

お金を貸す側としては、ローンの担保になる家が燃えてしまったら、融資したお金を回収できなくなってしまいますよね。それでは困りますので、団信同様、金融機関は火災保険への加入を勧めてくるわけです。

支払う保険料は、保険期間や家の状況・補償内容や保険会社によって異なります。もらえる保険金の額は、生命保険のように希望額を設定できるわけではなく、保険会社の評価によって決められてしまいます。

その方法は、以下に挙げる「再調達価額」と「時価」の2つです。

【①：再調達価額】

保険の対象である建物や家財を修理・再築・再取得するために必要な評価額。この金額だけで十分な復旧ができます。

【②：時価】

①の再調達価額から時間の経過や使用した消耗分（減価分）を差し引いた額を基準にした評価額。損害が生じた時点における価額です。ただ、現在は、ほとんどが①の再調達価額で評価されていると聞きます。

中古住宅の補償内容も気になるところです。「中古住宅でも火災保険に入れるのか？」「中古住宅だと保険金が少ないのでは？」といった疑問を持たれる方も多いはず。

そこで、新築住宅と中古住宅の評価額の違いを見てみましょう。

A：新築で家の建築費がわかる場合
↓評価額は建物の建築費と等しくなる
↓建築費２５００万円の一戸建てならば、評価額は２５００万円

B：中古住宅で建築費がわかっている場合
→建築費に経過年数に応じた変動率（※保険会社による）をかけて計算

C：建築費がわからない中古住宅の場合
→保険会社が定めた1㎡あたりの単価で計算。広ければ広いほどお得！
→たとえば、1㎡あたりの評価額が15万円で、60㎡の広さの場合は
900万円となる

※評価額の単価は、保険会社や地域・建物の構造等によって異なる

住宅はもちろんですが……家財にも保険が必要

津波や火山噴火・竜巻などの予期せぬ自然災害で大切な家を失う場合もあります。

これらの災害に対する保険は、火災保険や「住宅総合保険（火災保険より多くの災害に対応する）」、次節で解説する「地震保険」で対応できます。

ある程度、その地域で起こり得る災害を予測して、過不足なく必要な項目に加入して

おく必要があります。中古住宅の場合、その土地に何年・何十年も建っているわけですから、災害の〝傷跡〟が残っているはずです。

国土交通省の『ハザードマップポータルサイト』でも、「どの地域に」「どのような災害の危険があるのか」が調べられるので、一度お試しください。

なお、家財にも保険が必要です。火災保険という括りのなかには「家財保険」というものがあります。火災保険が建物そのものへの補償であるのに対して、家財保険は家財道具への補償という分け方になっています。

最近では、火災保険と〝パッケージ化〟された商品が多いようですが、加入時には確認しておきたいところですね。貴金属・宝玉・宝石・書画・骨董《こっとう》・彫刻物・その他の美術品のうち、1個、または1組の価額が30万円を超えるものは、保険証券に明記されていなければ、補償の対象外になってしまう場合もあるので注意しましょう。

「再建築不可物件」でも保険金は支払われる？

93ページでも触れました「接道義務」によって建て替え不可の「再建築不可物件」。

こちらを購入した場合、「保険金は支払われるのか」という疑問を抱く方もいらっしゃるのではないでしょうか。答えは……支払われます。

そもそも接道義務というのは、火災などの発生時、消防車が現地へ入れるようにする目的があります。また「都市計画法」の用途地域に付随する建ぺい率や容積率も、防災が目的のものです。

しかし、たとえ再建築不可物件でも、大切な財産には変わりはないでしょう。火災保険に加入できないといったことはありませんし、保険金も支払われます。

補償範囲は、あくまでも建物に対してであり、土地に対しての支払いはありません。たとえば、火災で家が全焼した場合、これは建て替えに該当するので、その土地には建てられなくなるため、ほかの土地を探して購入することになります。たしかに保険金は支払われます。ですが、新たに土地も購入しなくてはいけない点を考えると、再建築不可物件は場合によっては高く付くこともありそうです。

中古住宅を条件付きで購入する際は、そうした細かいところまでじっくり検討したうえで判断しなくてはいけません。

04 大地震に備えて「地震保険」への加入！でも……補償内容は厳しい

難解度

政府と保険会社が共同運営する〝公共性〟の高い保険

「地震大国・ニッポン」と言われながら、じつは「地震保険」への加入は任意なのです。恥ずかしながら、私たちも、あの大地震までは未加入でした。

リノベーション業者から「耐震工事をしたので震度6～7まで耐えられる」と聞いて、すっかり安心しきっていたのです。

そのわずか半年後、東日本大震災が発生……。我が家は無事でしたが、実際に大きな地震を体験し、また被災地の散々たる状況を見て「明日は我が身」と痛感しました。

その後、すぐに地震保険に入ったのは言うまでもありません。

地震保険は、政府と保険会社が共同で運営している〝公共性〟の高い保険。ゆえに火災保険とは違って、どの保険会社で申し込んでも補償内容や保険料は同じです。

以下は地震保険における補償内容です。

◎保険金は火災保険の契約金額の30～50％
◎建物は5000万円までが限度
◎家財は1000万円まで（1世帯に付き）が限度
◎補償対象は居住用住居（専用住宅・店舗兼用住宅）と家財のみ。業務用は対象外
◎家財でも1点30万円以上の明記物件は対象外

なお、地震保険は単独では加入できません。保険金は火災保険の補償額をもとに設定されるので、火災保険と同じ保険会社で加入する必要があります。また対象となる基準や条件等については、後述の表を参考にしてください（186ページ参照）。

地震保険料には最大30％引きになる「割引制度」が!?

地震保険の保険料は、「保険金額」「所在地（都道府県）」「建物の構造」といった3つ

の要素によって決まります。中古住宅だからといって、保険料が高くなることはありませんのでご安心ください。

所在地の都道府県によって差が生じるのは、今後の地震被害の予測によって決められているからです。津波が予想される沿岸部の静岡県や神奈川県は保険料が高く、内陸部では安くなります。

通常、地震保険料は火災保険と一緒に支払います。また火災保険が35年の契約でも、地震保険は1年、もしくは5年ごとに自動更新され、そのつど保険料を支払います。

なお、地震保険料には、最大30％引きになる「割引制度」があります。割引の種類は「免震建築物割引（割引率30％）」「耐震等級割引（割引率10〜30％）」「耐震診断割引（割引率10％）」「建築年割引（割引率10％）」の4つです（１８７ページ参照）。

たとえば、建築年割引では、建物が１９８１年6月1日以降に新築された建物であれば、保険料が10％安くなります。それ以前に建てられている住宅でも、耐震補強工事を行えば、耐震等級に応じて10〜30％安くなります。

ただし、これらの割引制度は併用できないので注意してください。

「地震保険」だけでは不十分。〝追加の備え〟も検討

地震保険は、生活を立て直すための保険であって、家の再建のための保険ではありません。ここは勘違いしないように！

前述しましたが、地震保険金は火災保険金の最大50％までしか出ません。火災保険の評価額は、家を再び建築するのにかかる費用を想定していますので、その半額ということは家を再建するには不十分です。

さらに、被害の状況によって支給額が変わり、全壊で１００％、半壊で50％、一部損ではわずか５％しか出ません。

そこで〝追加の備え〟として、地震保険に入っていなくとも、国から最大３００万円支給される「被災者生活再建支援制度」はオススメです。それでも不安な方は、地震保険以外で地震被害をカバーできる「共済」なども検討してみてはいかがでしょうか。

「地震保険」の対象と基準

地震保険では、保険の対象である建物、または家財が全損・半損、または一部損となったときに保険金が支払われます。

全損	ご契約金額の100%(時価が限度)
半損	ご契約金額の50%(時価の50%が限度)
一部損	ご契約金額の5%(時価の5%が限度)

◎全損・半損・一部損の基準

建物	基準
全損	地震等により損害を受け、主要構造部(土台、柱、壁、屋根等)の損害額が、時価の50%以上である損害、または焼失、もしくは流失した部分の床面積が、その建物の延床面積の70%以上である損害
半損	地震等により損害を受け、主要構造部(土台、柱、壁、屋根等)の損害額が、時価の20%以上50%未満である損害、または焼失、もしくは流失した部分の床面積が、その建物の延床面積の20%以上70%未満である損害
一部損	地震等により損害を受け、主要構造部(土台、柱、壁、屋根等)の損害額が、時価の3%以上20%未満である損害、または建物が床上浸水、もしくは地盤面より45cmをこえる浸水を受け損害が生じた場合で、全損・半損に至らないとき

家財	基準
全損	地震等により損害を受け、損害額がその家財の時価の80%以上である損害
半損	地震等により損害を受け、損害額がその家財の時価の30%以上80%未満である損害
一部損	地震等により損害を受け、損害額がその家財の時価の10%以上30%未満である損害

※参照:財務省のHPより

割引制度の種類と基準と割引率

割引制度として、「建築年割引」と「耐震等級割引」「免震建築物割引」「耐震診断割引」の4種類が設けられており、建築年、または耐震性能により10%～30%の割引が適用されます（重複不可）。詳しくは、各損害保険会社の相談窓口、または代理店にご相談ください。

<table>
<tr><th>建　物</th><th>基　準</th><th colspan="2">保険料の割引率</th></tr>
<tr><td>建築年割引
（ご契約開始日が平成13年10月1日以降）</td><td>対象建物が、昭和56年6月1日以降に新築された建物である場合</td><td colspan="2">10%</td></tr>
<tr><td rowspan="3">耐震等級割引
（ご契約開始日が平成13年10月1日以降）</td><td rowspan="3">対象建物が、「住宅の品質確保の促進等に関する法律」に規定する日本住宅性能表示基準に定められた耐震等級（構造躯体の倒壊等防止）、または国土交通省の定める「耐震診断による耐震等級（構造躯体の倒壊等防止）の評価指針」に定められた耐震等級を有している場合</td><td>耐震等級1</td><td>10%</td></tr>
<tr><td>耐震等級2</td><td>20%
※1</td></tr>
<tr><td>耐震等級3</td><td>30%
※1</td></tr>
<tr><td>免震建築物割引
（ご契約開始日が平成19年10月1日以降）</td><td>対象物件が、「住宅の品質確保の促進等に関する法律」に基づく「免震建築物」である場合</td><td colspan="2">30%
※2</td></tr>
<tr><td>耐震診断割引
（ご契約開始日が平成19年10月1日以降）</td><td>地方公共団体等による耐震診断、または耐震改修の結果、建築基準法（昭和56年6月1日施行）における耐震基準を満たす場合</td><td colspan="2">10%</td></tr>
</table>

※1 平成26年7月1日以降に、耐震等級2の割引率は20%から30%、耐震等級3の割引率は30%から50%に改定されます

※2 平成26年7月1日以降に、免震建築物の割引率は30%から50%に改定されます

※参照:財務省のHPより

05 まさか……そんなことが!? 予期せぬ事態に備えた保険に入ろう

難解度

天敵退治の依頼は「シロアリ保険」に加入している業者へ

日本では、シロアリ被害に遭われた住宅は非常に多く、事実、地震が起きた際に大切な住まいが倒壊してしまったという話はよく聞きます。

シロアリは、暗くて湿気が多く温かい木造住宅に生息しており、大好物の木材以外にもゴムやプラスチック、さらには電線・レンガなどもかじってしまいます。

まさに住まいの〝天敵〟ですね。シロアリに家の柱や床を食べられるなどの被害に遭ったら、シロアリの駆除をするしか手立てはありません。

ここで重要なのは、「シロアリ保険」に加入している業者に依頼すること。元々はメーカー用の保険ですが、加入していれば対応がスムーズです。駆除にかかる料金も比較的安く、5年間は保証してもらえます。

マンション特有の「水ぬれ」被害に有効な保険とは？

マンションには、自分たち家族が暮らすスペースの「専有部分」と、エレベーターやエントランスなどといったほかの居住者と共有して使う「共有部分」があります。

通常、専有部分は自分で保険をかけますが、共有部分に関しては管理組合が一括して加入します。

マンションで多い被害は「水ぬれ」です。単純に上の階の住人が原因とは限らず、配管に問題があるかもしれません。真上ではない別の部屋が原因で漏れている場合もあり得ます。ポタポタ落ちてきた水滴が原因で、家電製品やパソコンが壊れた。部屋中が水浸しになった……そういった被害は意外にも多いです。

対策として、「水漏れセンサー」の設置をオススメしますが、保険に加入しておけば、より安心度も増すことでしょう。

こうした被害に遭ったときに厄介なのは、「誰に賠償金を請求すべきか」です。

自分の部屋が原因で水ぬれを起こした場合、火災保険の特約で「水害」を付けていても保険金は出ません。水害の補償内容は、自分の住居内の被害しか適応していないからです。つまり、火災保険の特約では、相手への損害を補償することができません。

他方、「個人賠償責任保険」に加入している場合は、保険金が出ます。相手への補償をすることも可能です。万が一、下階の住人に水ぬれ事故で被害を負わせてしまったとしても、この保険に加入していれば安心でしょう。

自分が被害に遭った場合でも、相手側が個人賠償責任保険に加入していれば、そこから支払いを受けることもできます。

ただし、自分が加入している火災保険の特約との併用はできません。いずれかの保険、どちらかからしか受け取ることはできないのです。あくまでも保険ですので、良からぬ〝儲け心〟を持つのではなく、補償を考えて加入するようにしましょう。

可愛いペットのためにも「ペット保険」＋「賠償責任特約」に加入

「子どもの投げた野球ボールが隣りの家の窓ガラスを割った」
「飼い犬が隣りの奥さんの太ももに噛みついた」

日常生活のなかで隣り近所に迷惑をかけてしまうこと……ありますよね。

こうしたケースでは、前述した「個人賠償責任保険」に加入していると、修理やケガの手当てにあてる保険金が出ます。

ただし、保険金の支払いは、日常生活における事故に限定され、仕事上の事故や車による事故は対象外です。注意してください！

なお、保険に加入している本人だけでなく、生計をともにしている同居の家族の過失も賠償されます。飼い犬や猫、自宅から離れて下宿して暮らす大学生の子どもなども含まれ、補償範囲が広いのが最大のメリットです。


近年、ペットに関するトラブルがあとを絶ちません。そういった事態を見越して、「ペット保険」に「賠償責任特約」というオプションが設けられています。

これは、ペットがほかの動物や人間に噛みついたり、ぶつかったりなどといった迷惑をかけたときに賠償金を支払う保険です。

「保険に入っているから噛みついても大丈夫」では困りますが、危険を及ぼす可能性があるペットを飼っているならば、加入しておいたほうが無難でしょう。

06 「地震保険」と「生命保険」には保険料が控除される制度があります

難解度

申告期限内に必要な書類をそろえて手続きを

住宅にかかわる保険で控除されるものは、主に「地震保険」「生命保険」の2つです。

【①：地震保険料控除】

地震保険料は金額に準じて一定額が控除される「地震保険料控除」があります。簡潔に言えば、所得税や住民税を計算するときに、所得から差し引くことができ、支払った額だけ税金が安くなる制度のことです。

これまでは長年にわたり、「火災保険」「損害保険」などが、その対象になっていましたが、2007年より〝大型地震への備え〟として、且つ加入を後押しする目的で、地震保険控除がスタートしました。仮に現在、火災保険と地震保険の両方に加入しているならば、地震保険料だけが控除の対象となります。

地震保険に加入した方は、自営業者は確定申告のときに、給与所得者は年末調整のタイミングで、地震保険料控除の手続きを行います。その際に保険会社から送られてくる「地震保険控除証明書」を添付しますので、絶対になくさないように！

【②：生命保険料控除】

生命保険にも、①の地震保険料控除と同じく、支払った保険料が最高12万円も控除される「生命保険料控除」があります。

平成23年12月31日以前に締結した保険（旧契約）と、それ以後に締結した保険（新契約）とでは、生命保険料控除が成される額が異なりますので注意してください。

手続きの方法は、地震保険料控除と同様です。

なお、保険期間が5年未満の生命保険などのなかには、控除の対象とはならないものもあります。

対象となる損害保険契約等

控除の対象となる保険や共済の契約は、自己若しくは自己と生計を一にする配偶者その他の親族が所有している家屋で常時その居住の用に供するもの又はこれらの者の有する生活用動産を保険や共済の目的とする契約で、かつ、地震、噴火又は津波を原因とする火災、損壊等による損害をてん補する保険金や共済金が支払われるものに限られます。

長期損害保険契約等に係る損害保険料

平成18年の税制改正で、平成19年分から損害保険料控除が廃止されました。しかし、経過措置として以下の要件を満たす一定の長期損害保険契約等に係る損害保険料については、地震保険料控除の対象とすることができます。

(1) 平成18年12月31日までに締結した契約
（保険期間又は共済期間の始期が平成19年1月1日以後のものは除く）
(2) 満期返戻金等のあるもので保険期間又は共済期間が10年以上の契約
(3) 平成19年1月1日以後にその損害保険契約等の変更をしていないもの

地震保険料控除の控除額

その年に支払った保険料の金額に応じて、次により計算した金額が控除額となります。

区分	年間の支払保険料の合計	控除額
①地震保険料	5万円以下	支払金額
	5万円以下	支払金額
②旧長期損害保険料	1万円以下	支払金額
	1万円超2万円以下	支払金額÷2+5千円
	2万円超	1万5千円
①・②両方がある場合		①、②それぞれの方法で計算した金額の合計額（最高５万円）

㈱一の損害保険契約等又は一の長期損害保険契約等に基づき、地震保険料及び旧長期損害保険料の両方を支払っている場合には、納税者の選択により地震保険料又は旧長期損害保険料のいずれか一方の控除を受けることとなります。

※参照:国税庁のHPより

「地震保険料控除」の対象となる保険契約

[平成25年4月1日現在法令等]

地震保険料控除の対象となる保険や共済の契約は、一定の資産を対象とする契約で、地震等による損害により生じた損失の額をてん補する保険金又は共済金が支払われる契約です。

対象となる契約は、自己や自己と生計を一にする配偶者その他の親族の所有する居住用家屋又は生活に通常必要な家具、じゅう器、衣服などの生活用動産を保険や共済の対象としているものです。

しかし、資産を対象とする契約でも、地震保険料控除の対象となる保険や共済の契約は、次に掲げる契約に附帯して締結されるもの又はその契約と一体となって効力を有する一の契約に限られます。

1 損害保険会社又は外国損害保険会社等と締結した損害保険契約のうち　一定の偶然の事故によって生ずることのある損害をてん補するもの
(注)外国損害保険会社等と国外において締結したものを除きます。

2 農業協同組合と締結した建物更生共済契約又は火災共済契約

3 農業協同組合連合会と締結した建物更生共済契約又は火災共済契約

4 農業共済組合などと締結した火災共済契約又は建物共済契約

5 漁業協同組合などと締結した建物や動産の共済期間中の耐存を共済事故とする共済契約や火災共済契約

6 火災共済協同組合と締結した火災共済契約

7 消費生活協同組合連合会と締結した火災共済契約、自然災害共済契約

8 財務大臣の指定した火災共済契約、自然災害共済契約

なお、支払った損害保険料が地震保険料控除の対象となるかについては、保険会社などから送られてくる証明書によって確認することができます。この証明書は確定申告書に添付するか、申告書を提出する際に提示することが必要です。

ただし、年末調整で控除された場合はその必要がありません。

【参考文献】

★『2013年度版　これだけは覚えておきたい！不動産の税金』
入江 俊輔／北村 佳代 著 《住宅新報社》

★『家づくりのお金の話がぜんぶわかる本【2013－2014】』
《エクスナレッジ》

★『不動産・建築・お金のプロが教える 中古住宅の本当にかしこい買い方』
高橋 正典／富田 和嗣／後藤 浩之 著 《日本実業出版社》

★『【新版】家を買いたくなったら』 長谷川 高 著 《WAVE出版》

★『【2013~2014年版】10年後に絶対後悔しない中古一戸建ての選び方』
株式会社オウチーノ／井端 純一 監修 《河出書房新社》

★『【決定版】夢をかなえるリノベーション』 佐藤 慎二郎 著 《かんき出版》

★『20年たっても後悔しない 一戸建ての選び方がわかる本【決定版】』《晋遊舎》
★『20年たっても後悔しない マンションの選び方がわかる本【決定版】』《晋遊舎》
★『不動産と金融のプロが教える 資産価値の高いマンションの選び方・買い方』
三菱地所レジデンス住まい価値研究会／三菱ＵＦＪ信託銀行不動産コンサルティング部 著《東洋経済新報社》
★『世界で一番やさしいリフォーム【増補改訂カラー版】』
田園都市建築家の会 著《エクスナレッジ》
★『中古住宅があこがれインテリアに変わる！ リノベーションのルール』
成美堂出版編集部 編集《成美堂出版》

【著者紹介】

高橋 洋子（たかはし・ようこ）

◎—1979年岐阜県生まれ。早稲田大学文学部卒。暮らしのジャーナリスト。ファイナンシャルプランナー。

◎—在学中からライターの経験を積み、卒業後は情報誌の編集を経て、フリーに。約10年に渡り、情報誌や女性誌、朝の人気情報番組内のコマーシャルや大手住宅メーカー発行の住宅誌などで、主として「暮らし」をテーマに執筆活動を行う。

◎—これまで世界13カ国、国内1000軒以上の一般家庭を取材して得た知識を活かし、2010年に価値０円と査定された築37年の中古一戸建てを購入、リノベーションをして、「０円新居」と命名。その後、暮らし研究所『エメラルドホーム』を設立。

◎—現在は、講演活動や執筆活動・FP相談を通じて、家探しの基本から中古住宅の価値向上とリノベーションの魅力を伝えている。週末に開催しているマイホームセミナーは、２年で50回を超え、1000名以上が参加。「わかりやすくて、おもしろい。勇気がもらえる」と年齢を問わず幅広い世代から好評を得ている。

家を買う前に考えたい！ リノベーション

2014年６月28日　　第１刷発行

著　者———高橋 洋子

発行者———徳留 慶太郎

発行所———株式会社すばる舎

〒170-0013 東京都豊島区東池袋3-9-7東池袋織本ビル

TEL　03-3981-8651（代表）

　　　03-3981-0767（営業部直通）

FAX　03-3981-8638

URL　http://www.subarusya.jp/

振替　00140-7-116563

印　刷———図書印刷株式会社

落丁・乱丁本はお取り替えいたします

ISBN978-4-7991-0278-7